中国国情调研丛书
乡镇卷
China's national conditions survey Series
Vol. Towns

中国国情调研丛书·乡镇卷
China's national conditions survey Series · Vol.Towns
主　编　裴长洪　刘树成　吴太昌
副主编　周　济

城镇化进程中的海西乡镇

——福建省莆田市江口镇调查报告

A Township of the Western Coast of the Taiwan Strait in Urbanization Process: A Survey Report on Jiangkou Town, Putian City, Fujian Province

杨志勇　林国建　主编
苑德宇　于树一　副主编

中国社会科学出版社

图书在版编目(CIP)数据

城镇化进程中的海西乡镇：福建省莆田市江口镇调查报告 / 杨志勇，林国建主编． —北京：中国社会科学出版社，2015.8
ISBN 978-7-5161-6116-6

Ⅰ．①城… Ⅱ．①杨…②林… Ⅲ．①乡镇经济—经济发展—调查报告—莆田市 Ⅳ．①F299.275.75

中国版本图书馆 CIP 数据核字(2015)第 099808 号

出 版 人	赵剑英	
责任编辑	冯春凤	
责任校对	张爱华	
责任印制	张雪娇	
出　　版	中国社会科学出版社	
社　　址	北京鼓楼西大街甲 158 号	
邮　　编	100720	
网　　址	http：//www.csspw.cn	
发 行 部	010-84083685	
门 市 部	010-84029450	
经　　销	新华书店及其他书店	
印　　刷	北京君升印刷有限公司	
装　　订	廊坊市广阳区广增装订厂	
版　　次	2015 年 8 月第 1 版	
印　　次	2015 年 8 月第 1 次印刷	
开　　本	710×1000　1/16	
印　　张	11	
插　　页	2	
字　　数	145 千字	
定　　价	45.00 元	

凡购买中国社会科学出版社图书，如有质量问题请与本社营销中心联系调换
电话：010-84083683
版权所有　侵权必究

中国国情调研丛书·企业卷·乡镇卷·村庄卷

总 序

陈佳贵

为了贯彻党中央的指示，充分发挥中国社会科学院思想库和智囊团作用，进一步推进理论创新，提高哲学社会科学研究水平，2006年中国社会科学院开始实施"国情调研"项目。

改革开放以来，尤其是经历了近30年的改革开放进程，我国已经进入了一个新的历史时期，我国的国情发生了很大变化。从经济国情角度看，伴随着市场化改革的深入和工业化进程的推进，我国经济实现了连续近30年的高速增长。我国已经具有庞大的经济总量，整体经济实力显著增强，到2006年，我国国内生产总值达到了209407亿元，约合2.67万亿美元，列世界第四位；我国经济结构也得到优化，产业结构不断升级，第一产业产值的比重从1978年的27.9%下降到2006年的11.8%，第三产业产值的比重从1978年的24.2%上升到2006年的39.5%；2006年，我国实际利用外资为630.21亿美元，列世界第四位，进出口总额达1.76亿美元，列世界第三位；我国人民生活水平不断改善，城市化水平不断提升；2006年，我国城镇居民家庭人均可支配收入从1978年的343.4元上升到 11759 元，恩格尔系数从 57.5% 下降到 35.8%，农村居民家庭人均纯收入从 1978 年的 133.6 元上升到 2006 年的 3587 元，恩格尔系数从 67.7% 下降到 43%，人口城市化率从 1978 年的 17.92% 上升到 2006 年的 43.9% 以上。经济的高速发展，必然引起国情的变化。我们的研究表明，我国的经济国情已经逐渐从一个农业经济大国转变为一个工业经济大国。但是，这只是从总体上对我国经济国情的分析判断，还缺少对我国经济国情变化分析的微观基础。这需要对我国基层单位进行详细的分析研究。实际上，深入基层进行调查研究，坚持理论与实际相结合，由此制定和执行正确的路线方针政策，是我们党领导革命、建设与改革的基本经验和基本工作方法。进行国情调研，也必须深入基层，只有深入基层，才能真正了解我国国情。

为此，中国社会科学院经济学部组织了针对我国企业、乡镇和村庄三类基层单位的国情调研活动。据国家统计局的最近一次普查，到 2005 年年底，我国有国营农场 0.19 万家，国有以及规模以上非国有工业企业 27.18 万家，建筑业企业 5.88 万家；乡政府 1.66 万个，镇政府 1.89 万个，村民委员会 64.01 万个。这些基层单位是我国社会经济的细胞，是我国经济运行和社会进步的基础。要真正了解我国国情，必须对这些基层单位的构成要素、体制结构、运行机制以及生存发展状况进行深入的调查研究。

在国情调研的具体组织方面，中国社会科学院经济学部组织的调研由我牵头，第一期安排了三个大的长期的调研项目，分别是"中国企业调研"、"中国乡镇调研"和"中国村庄调研"。"中国乡镇调研"由刘树成同志和吴太昌同志具体负责，"中国村庄调研"由张晓山同志和蔡昉同志具体负责，"中国企业调研"由我和黄群慧同志具体负责。第一期项目时间为三年（2006—2008），每个项目至少选择 30 个调研对象。经过一年多的调查研究，这些调研活动已经取得了初步成果，分别形成了

《中国国情调研丛书·企业卷》、《中国国情调研丛书·乡镇卷》和《中国国情调研丛书·村庄卷》。今后这三个国情调研项目的调研成果，还会陆续收录到这三卷书中。我们期望，通过《中国国情调研丛书·企业卷》、《中国国情调研丛书·乡镇卷》和《中国国情调研丛书·村庄卷》这三卷书，能够在一定程度上反映和描述在21世纪初期工业化、市场化、国际化和信息化的背景下，我国企业、乡镇和村庄的发展变化。

国情调研是一个需要不断进行的过程，以后我们还会在第一期国情调研项目基础上将这三个国情调研项目滚动开展下去，全面持续地反映我国基层单位的发展变化，为国家的科学决策服务，为提高科研水平服务，为社会科学理论创新服务。《中国国情调研丛书·企业卷》、《中国国情调研丛书·乡镇卷》和《中国国情调研丛书·村庄卷》这三卷书也会在此基础上不断丰富和完善。

2007年9月

中国国情调研丛书·乡镇卷

序　言

中国社会科学院在2006年正式启动了中国国情调研项目。该项目为期三年，于2008年结束。经济学部负责该项目的调研分为企业、乡镇和村庄三个部分，经济研究所负责具体组织其中乡镇调研的任务，经济学部中的各个研究所都有参与。乡镇调研计划在全国范围内选择30个乡镇进行，每年10个，在3年内全部完成。

乡镇作为我国最基层的政府机构和行政区划，在我国社会经济发展中，特别是在城镇化和社会主义新农村建设中起着非常重要的作用，担负着艰巨的任务。通过个案调查，解剖麻雀，管窥蠡测，能够真正掌握乡镇层次的真实情况。乡镇调研可为党和政府在新的历史阶段贯彻城乡统筹发展，实施工业反哺农业、城市支持乡村，建设社会主义新农村提供详细具体的情况和建设性意见，同时达到培养人才，锻炼队伍，推进理论创新和对国情的认识，提高科研人员理论联系实际能力和实事求是学风之目的。我们组织科研力量，经过反复讨论，制定了乡镇调研提纲。在调研提纲中，规定了必须调查的内容和自选调查的内容。必须调查的内容主要有乡镇基本经济发展情况、政府职能变化情况、社会和治安情况三大部分。自选调查内容主要是指根据课题研究需要和客观条件可能进行的各类专题调查。同时，调研提纲还附录了基本统计表。每个调研课题可以参照各自调研对象的具体情况，尽可能多地完成和满足统计表所规定的要求。

每个调研的乡镇为一个课题组。对于乡镇调研对象的选择，我们没有特别指定地点。最终确定的调研对象完全是由课题组自己决定的。现在看来，由课题组自行选取调研对象好处很多。第一，所调研的乡镇大都是自己工作或生活过的地方，有的还是自己的家乡。这样无形之中节约了人力和财力，降低了调研成本。同时又能够在规定的期限之内，用最经济的支出，完成所担负的任务。第二，在自己熟悉的地方调研，能够很快地深入下去，同当地的父老乡亲打成一片、融为一体。通过相互间无拘束和无顾忌的交流，能够较快地获得真实的第一手材料，为最终调研成果的形成打下良好的基础。第三，便于同当地的有关部门、有关机构和有关人员加强联系，建立互惠共赢的合作关系。还可以在他们的支持和协助下，利用双方各自的优势，共同开展对当地社会经济发展状况的研究。

第一批的乡镇调研活动已经结束；第二批和第三批的调研将如期进行。在第一批乡镇调研成果即将付梓之际，我们要感谢经济学部和院科研局的具体安排落实。同时感谢调研当地的干部和群众，没有他们的鼎力支持和坦诚相助，要想在较短时期内又好又快地完成调研任务几乎没有可能。最后要感谢中国社会科学出版社的领导和编辑人员，没有他们高效和辛勤的劳动，我们所完成的乡镇调研成果就很难用最快的速度以飨读者。

目 录

第一章 导论 ……………………………………………………（1）
　第一节 写作背景 ………………………………………………（1）
　第二节 分析方法及内容结构 …………………………………（2）
第二章 江口镇概况及其经济社会发展历程 …………………（4）
　第一节 莆田市 …………………………………………………（4）
　第二节 涵江区概况及其经济社会发展历程 …………………（16）
　第三节 江口镇概况及其经济社会发展历程 …………………（29）
第三章 "十一五"时期江口镇经济发展情况 ………………（50）
　第一节 "十一五"时期江口镇经济总体情况 ………………（50）
　第二节 农（林牧渔）业 ………………………………………（52）
　第三节 工业 ……………………………………………………（55）
　第四节 涉外经济 ………………………………………………（57）
　第五节 固定资产投资（项目投资） …………………………（59）
　第六节 财政收支 ………………………………………………（63）
　第七节 居民收入 ………………………………………………（67）
　第八节 进入"十二五"时期江口镇经济的运行状况、
　　　　　面临问题及相关建议 ………………………………（70）
第四章 "十一五"时期江口镇人口与社会事业情况 ………（75）
　第一节 人口及其结构 …………………………………………（75）
　第二节 教育 ……………………………………………………（77）
　第三节 医疗卫生 ………………………………………………（79）

第四节　文化体育 …………………………………………（81）
　　第五节　社会保障 …………………………………………（83）
　　第六节　环境保护 …………………………………………（85）
　　第七节　社会安全 …………………………………………（86）
　　第八节　土地资源整治 ……………………………………（87）
　　第九节　党建工作 …………………………………………（90）
　　第十节　侨民与侨情 ………………………………………（92）
第五章　江口镇小城镇综合改革介绍与分析 ………………（97）
　　第一节　江口镇小城镇综合改革的背景及主要内容 ……（97）
　　第二节　江口镇小城镇综合改革的进展评价
　　　　　　及取得经验 ……………………………………（132）
　　第三节　江口镇小城镇综合改革面临的问题
　　　　　　及政策建议 ……………………………………（140）
第六章　城市化融资形式与公共服务提供：对江口进一步
　　　　发展的启示 ………………………………………（147）
　　第一节　从城镇化到城市化：融资形式的选择 …………（147）
　　第二节　公共服务提供面临的难题与化解：对江口
　　　　　　进一步发展的启示 ……………………………（154）
主要参考文献 …………………………………………………（163）
后　记 …………………………………………………………（164）

第一章

导　论

第一节　写作背景

2006年，中国社会科学院全面启动国情调研项目。乡镇调研是中国社会科学院国情调研总体框架下的一个子项目，旨在通过实地调查，尽可能全面了解当前乡镇经济社会发展的现状。中国社会科学院经济研究所乡镇调查组作为乡镇调查课题组的成员单位，参与了课题的调研工作。

在此次乡镇调研中，笔者选取了福建省莆田市涵江区江口镇作为调查对象。之所以选取江口镇作为调查对象，主要基于两方面原因：第一，江口镇典型的地理区位。该镇地处兴化平原，东临兴化湾，同时也是涵江的城边镇，该镇除了工业化和城镇化程度比较高外，其农业（包括养殖业和林业）和第三产业均较发达。第二，江口镇重要的经济区位。该镇位处海峡西岸经济区（以下简称海西经济区），是海西经济区中最重要乡镇之一。在当前中央大力支持发展海西经济的大背景下，该镇的经济社会发展轨迹和经验，可为海西经济区中其他欠发展乡镇和全国其他类似乡镇提供宝贵的参考和借鉴。此外，江口镇具有显著的人文特色。江口是千年文明古镇、著名的侨乡，等等。这些均为此次调查提供了丰富的素材。

在调研对象选取后，课题组迅速展开实地调研。在当地政府机构的协助下，课题组对江口镇和涵江区进行多次调研，获取了丰富的文献资料和大量的第一手调研资料。在调研中，课题组主要采用了全面调查和抽样调查相结合的方法。

第二节 分析方法及内容结构

本书综合运用了定量分析和定性分析相结合的分析方法。此外，比较分析法也是本书使用的主要方法之一。课题组在撰写调查报告时，充分利用了调研中获取的调查资料及文献资料，运用Excel所提供的多种统计软件功能，对这些资料进行整理组合，并借助图与表的形式，对江口镇的经济社会发展状况进行多层次、多角度的剖析。

本书共分为六章，具体结构如下：

第一章为"导论"部分。该章简要介绍课题组写作调查报告的背景、调查报告的主要分析方法及内容结构等。

第二章为"江口镇概况及其经济社会发展历程"。该章详细介绍了江口镇的上级主管行政机构——莆田市和涵江区的概况及经济社会发展历程和现状；简要介绍了江口镇的概况和经济社会发展历程。具体内容涉及对莆田市、涵江区和江口镇的自然环境概况介绍以及对涵江区和江口镇工业、农业、财政、教育、医疗卫生等经济社会发展情况的回顾。

第三章为"'十一五'时期江口镇经济发展情况"。该章先对江口镇"十一五"时期经济总体发展状况做总体描述，然后分别对江口镇在该时期农业、工业、涉外经济、项目投资、财政收支、居民收入等的发展状况进行分析，最后提出江口镇进入"十二五"时期后经济持续发展所面临的困境，给出政策建议。

第四章为"'十一五'时期江口镇人口与社会事业情况"。该章对江口镇"十一五"时期人口变动和社会事业发展进行了详细地描述和分析。"社会事业"主要涉及教育、文化体育、医疗卫生、社会安全、党建等方面。此外，该章还对江口镇土地资源整治情况、侨民与侨情状况做了简要介绍和分析。

第五章为"江口镇小城镇综合改革介绍与分析"。该章先对江口镇小城镇综合改革的背景和主要内容进行介绍，接着对此项改革的进展情况进行评述，并总结出小城镇综合改革所取得经验，最后针对小城镇综合改革中面临的问题给出诸多政策建议。

第六章为"城市化融资形式与公共服务提供：对江口进一步发展的启示"。该章基于全国背景，探讨一个地方发展所面临的属于国家层面的制度问题，并得出对江口进一步发展的若干启示。

第二章

江口镇概况及其经济社会发展历程

江口镇是个千年古镇，人杰地灵，历史源远流长。江口镇现隶属于莆田市涵江区。长期以来，江口镇属莆田县管辖。莆田自有史以来，行政区划变化较为频繁，近年更是如此。在对江口镇经济社会发展情况介绍和剖析前，有必要先了解其上级行政管理部门——莆田市和涵江区概况。

第一节 莆田市

一 莆田市概况

莆田，史称"兴化"，位于福建省沿海中部，属亚热带海洋性季风气候，年均气温18℃—21℃。莆田市辖仙游县，荔城、城厢、涵江和秀屿四区，另设有湄洲岛国家旅游度假区管委会，是海峡西岸经济区中心城市之一，福建省发展最快城市之一。

莆田现有汉、回、畲、壮、苗等33个民族，户籍人口约300万人，陆域面积4119平方公里，海域面积1.1万平方公里，海岸线总长534.5公里，其中大陆岸线长271.6公里，海岛岸线长262.9公里。盛产鳗鱼、对虾、梭子蟹、丁昌鱼等海产品，龙眼、荔枝、枇杷、文旦柚"四大水果"驰名中外。莆田有湄洲湾、兴化湾、平海湾三大海湾。湄洲湾港是"中国少有,世界不多"的天然深水港湾,秀屿港是一类对外开放口岸和台轮停靠点,已建成5万吨级多用途等各类码头19个,与世界许多国家和地区港口通航。① 莆田古迹众多,有风景名胜和文物古迹250多处,留存了以三清殿、莆仙戏、南少林、妈祖等为代表的文化遗产,是福建省"历史文化名城"之一。莆田有"文献名邦"、"海滨邹鲁"之称,还是著名的"田径之乡"(图2—1)。莆田是中国著名侨乡,民富水平位于全国前列,莆田商人为中华十大商帮之首闽商的一个重要分支。目前世界各地共有200多万名莆商,其中海外莆籍商人150多万名,足迹遍及73个国家和地区。

莆田市经济发展迅速。1983年建市之初,当时莆田全市工业总产值仅3.72亿元,位处福建省第9位;截至2009年,全市1166家规模以上工业完成产值959.3亿元,规模以上工业产值居全省第5位,增幅居全省第3位;共实现工业增加值320.3亿元。近年,莆田市鞋服、林产加工、食品、电子信息、化工、能源、机械制造、工艺美术等八个产业集群已具规模,先后获得"中国鞋业出口基地"、"中国木雕之城"、"中国古典工艺家具之都"、"中国珠宝玉石首饰特色"、"中国银饰之乡"、"中国政务商务礼品产业基地"等称号。

图2—1　莆田市体育中心

二　莆田市近年工业布局总体情况

(一) 工业经济开发区

从工业经济开发区看,全市现有工业园区(开发区)13个,

---

① 莆田市人民政府网站：http://www.putian.gov.cn/a/20090525/00006.html。

按照构造"区中园"或"园中园",以聚集特色产业促进和带动开发区、工业集中区的发展,使特色工业园区成为经济发展的带动区以及体制和科技创新的试验区,做大做强优势产业,形成特色鲜明的产业集群的要求,莆田市 13 个各类经济开发区的产业布局现状见表 2—1。

表 2—1　　　　　莆田市工业园区现状(2009)

序号	工业园区名称	主要分布产业	园区产值（亿元）	规模企业	所在县区
1	秀屿国家级木材贸易加工示范区	木材加工	9.39	25	秀屿区
2	莆田市笏石工业园区	建材、鞋服、食品	14.64	31	秀屿区
3	秀屿上塘珠宝城	工艺美术	11.15	43	
4	莆田市高新技术产业园区	电子、机械	192.6	133	涵江区
5	新涵工业集中区	食品、鞋服	104	51	
6	涵江临港化工集中区	化工	0.5		
7	荔城经济开发区	鞋服、化工、电子	85.43	86	荔城区
8	黄石工业园区	鞋服、机械、化工	29.6	47	
9	华林经济开发区	鞋服、电子	50.1	75	城厢区
10	太湖工业园区	食品、鞋服	13.4	15	
11	鲤南工业园区	鞋服、电子、工艺美术	16.5	29	仙游县
12	仙游经济开发区	鞋服、化工	23.7	23	
13	湄洲湾北岸经济开发区	能源	15.4	6	北岸管委会

（二）临港工业集中区

从临港工业集中区看，在临港工业带上，连接港口、依托城市，重点建设东吴、石门澳、东峤、莆头、枫亭和秀屿等临港工业园区和工业集中区，使之成为布局合理、配套齐全、分工协作的临港工业集聚区。主要包括：

（1）东吴临港工业集聚区。依托忠门组团、东吴港区（东吴作业区），以东吴围垦为载体，形成东吴临港工业集聚区。重点布局石化、煤电、船舶修造等产业。具体划分为石化片区、能源工业片区、船舶修造及配件工业片区等产业功能区。

（2）石门澳临港工业集聚区。湄洲湾北岸是莆田市构建新兴港口城市的重要组成部分，也是福建省临港重化工业发展的重点区域。依托秀屿组团、秀屿港区（石门澳作业区、LNG 专用码头）和东吴港区（罗屿作业区），以石门澳围垦为载体，在秀屿—栖梧—塔林区域形成石门澳临港工业集聚区。重点布局 LNG 能源、制浆造纸等临港工业。在现有 LNG 能源、冶金等产业基础上，将加快石门澳区域开发建设，推进闽台产业对接，重点发展磷化工、机械装备业；积极培育高新技术产业；配套港口物流业，着力于临港重化工业和新兴产业发展。具体划分为化肥/磷化工业区、装备制造业区、高新技术产业区和港口物流区等产业功能区。

（3）东峤临港工业集聚区。依托东峤组团、秀屿港区（进口木材检疫除害处理区），以东峤盐场围垦为载体，形成东峤临港工业集聚区。重点布局木材加工产业链、石化下游产品产业链。具体划分为木材加工业片区、石化下游产品工业片区等产业功能区。

（4）莆头临港工业集聚区。依托秀屿组团、秀屿港区（莆头作业区），以太湖工业园区和莆头围垦为载体，在太湖至石头鼻区域形成莆头临港工业集聚区。重点布局产业机械装备制造产业集群，包括纺织机械、木工机械和制鞋机械。具体划分为纺织机械工业片区、木工机械工业片区和制鞋机械工业片区等产业功能区。

（5）枫亭临港工业集聚区。以仙游经济开发区为载体，依托枫亭镇、秀屿港区（秀屿作业区）及枫亭港点，在枫亭至灵川区域形成枫亭临港工业集聚区。重点布局服装、鞋革、电子、汽车零部件，以及医药和精细化工等产业，形成集科、工、贸于一体的临港型经济开发区。

（6）兴化湾南岸临港工业集群区。位于从江口镇至埭头镇石城之间海湾区域，主要包括涵江区的江口镇和三江口镇，荔城区的黄石镇、北高镇，秀屿区的埭头镇在内的临港工业集聚区。重点布局机械制造、新兴产业、物流等产业。

（三）区县产业布局

从县区产业布局看，全市按照工业园区作为区域产业结构调整的重点和"一县（区）一区、一区多园、一园一主业"的要求，着力进行产业的主导发展。

（1）秀屿区。充分利用"秀屿国家级木材贸易加工示范区"的品牌优势和优惠政策，重点发展木材加工业；以秀屿临港工业园为载体，发展能源、化工、冶金产业，构建新能源和临港产业基地；以上塘珠宝城为平台，发展以银饰为主的工艺美术产业。

（2）涵江区。以莆田高新技术园区和新涵工业集中区为载体，重点发展创意电子产业和精密机械产业，成为高新技术产业和先进装备制造基地；以新型元器件产业为核心，重点支持片式元器件、敏感元器件、传感器、LCD等新元器件的开发，打造新兴电子信息产品研发和生产基地。

（3）荔城区。以荔城经济开发区和黄石工业园区为载体，重点发展鞋服产业；以新城区为依托，积极发展商贸、物流、旅游、产品市场、信息服务等服务业，优化城市空间结构，提升城市服务功能。

（4）城厢区。以华林园区、太湖园区为载体，发展鞋服、食品等产业；以老城区为依托，大力发展商贸、餐饮等传统服务业，提升城市服务能力。

（5）仙游县。城区以城郊宝泉工艺产业园为载体，重点发展以古典家具为主的工艺美术产业；枫亭片区以仙游经济园区为载体，重点发展精细化工和金属制品产业。

（6）湄洲湾北岸管委会。以湄洲湾北岸经济开发区为载体，发展石化产业。重点培育发展改性材料、聚氨酯深加工、塑料制品、合成纤维及深加工、配套原材料、塑料回收再生利用等六个领域，逐步形成产业集聚明显、产业特色突出，技术密集、资金密集的现代石化下游产业基地。

三 莆田市产业发展总体现状

（一）轻工业

1. 制鞋业

制鞋业是莆田工业经济的第一大产业和出口创汇的重要来源。2009年有各类规模以上企业265家，产值超亿元企业59家、制鞋产业达237.15亿元，拥有协丰、荔丰、华丰、三路等一批制造耐克、阿迪达斯、彪马等世界名牌的企业。

2. 食品产业

食品产业是莆田工业经济的第二大产业。2009年全市规模以上食品企业113家，累计完成工业产值达147.26亿元。产值超亿元企业31家，有9家企业29个产品获绿色食品标志，27个产品获省名牌产品，12个产品获省著名商标，4个产品获产地保护认证。英博雪津集团是莆田食品产业的核心企业，雪津啤酒荣获中国名牌产品、中国驰名商标，年产量达120万吨以上，已成为国家大型一档啤酒生产企业和福建省啤酒行业的龙头企业。

3. 工艺美术业

莆田工艺美术历史悠久，技艺精湛，在国内外享有盛誉。尤其莆田雕刻工艺，不仅居福建之首，而且以"雕刻之乡"闻名全国。工艺美术是近三年莆田市传统产业中发展最快的产业，每年均以90%以上的速度增长。2009年全市工艺美术企业（包括个人作坊）2000多家，年创产值100多亿元，其中规模以上企业142家，完成产值94.84亿元以上,从业人员约15万人。产品主要为玉雕、青石雕、铜雕、寿山石雕、宗教雕塑、金银珠宝、漆器、编织、人造宝石等11个大类,1000多个品种。

4. 林产加工业

林产加工成为莆田市近几年着力培养的一个新兴产业。全市现有规模以上企业110家,产值约60亿元。全国各地经销木材的莆商约有17万人,其中不乏一批千万甚至超亿元资本的莆籍民营企业家队伍,在外创办各类木材加工企业5000多家,分布在全国各地等大中城市,每年需要进口大量木材。2006年,经国家林业局批准设立"中国莆田秀屿国家级木材贸易加工示范区",规划面积13.3平方公里,目前已开发建设3平方公里的木材加工区和1平方公里的标准化厂房及生活配套设施示范小区,引进企业34家(其中外资企业6家),总投资49.8亿元,其中投产企业26家。

(二) 电子信息产业

电子信息业是莆田工业经济的第三大产业,具有良好的产业发展基础。2009年,全市规模以上电子信息企业74家,累计完成工业产值达872.44亿元。新威电子、安特半导体、新盈液晶、德基电子、德信电子、台湾通讯等6家企业被认定为国家火炬计划莆田液晶显示产业基地首批骨干企业,莆田高新技术园区已成为占国际市场份额60%的电子计算器生产基地和占有全国份额11%的中小型液晶显示器生产基地。

(三) 纺织工业

2009年,全市纺织服装规模以上企业105家,亿元以上企业9家,产值46亿元,才子衬衫、卡朱米羽绒服获得中国名牌,才子、金威、卡朱米、云敦获得中国驰名商标,6个产品获得国家免检。福建众和股份有限公司是莆田市首家国内A股上市公司,是国家级棉休闲面料染整开发基地企业,福建省百家重点企业和最大型印染骨干企业,公司拥有2000多个全棉面料品种,几乎涵盖了所有全棉产品。

(四) 石化产业

2009年,全市有石化企业95家,实现产值73.72亿元,主要产品为轮胎、橡胶制品、塑料制品、涂料和鞋用胶水等终端产品。佳通轮胎、海安橡胶、三棵树涂料为石化的核心企业。莆田现有制鞋、轮胎和未来的造纸等产业大量需要塑料、橡胶及烧碱等造纸化学品。

(五) 装备制造业

2009年,全市规模以上机械企业119家,累计完成工业产值达94.84亿元,主要产品有无刷电机、制动蹄块、活塞环、刀模钢、发动机盖体、铝型材、数控机床、金属制品以及中大型钢铁铝铸件等。

(六) 能源产业

能源产业是莆田市新兴产业中发展速度最快的行业。2009年,全市有规模以上能源企业21家,年产值约为67.11亿元。[①]

四 莆田市下辖主要区县的经济社会发展情况[②]

(一) 荔城区

荔城区位于闽东南沿海中部,北接涵江区,西连城厢区,东临兴化湾,是莆田市的中心城区和政治、经济、文化中心。荔城区是2002年经国务院批准设立的新城区,辖西天尾、黄石、新度、北高4个镇和镇海、拱辰2个街道,共有118个村委会,12个居委会,辖区总面积269.66平方公里,总人口46.38万人。

荔城区拥有优越的自然环境,境内富饶的兴化平原是福建四大平原之一,耕地面积15万亩,肥田沃土,年可三熟,全年四季分明,属亚热带海洋性季风气候,年降雨量1500毫米,年均日照时间1996小时,无霜期350天,平均温度20℃,常年多为东南风,

---

① 莆田市经济贸易委员会:《莆田市工业布局和产业发展情况——台北莆仙同乡会回乡考察推介材料》,2010年4月2日。
② 涵江区的基本情况详见本章第二节。

温和湿润，冬无严寒，夏无酷暑。

荔城区基础设施完善。境内溪流纵横，木兰溪、延寿溪等贯穿全境，地下水蕴藏量大，淡水资源丰富，各镇均有日供水万吨以上的自来水厂。全区共有11万伏变电站2座，35万千伏变电站11座，实现了村村通电。市政基础设施日臻完善。全区所有镇（街）均已开通程控电话、移动电话、数字通信等邮电业务，并实现光缆数字传输，长途电话可直拨世界210多个国家和地区。区内城市建设方兴未艾，胜利路、文献路、梅园路、八一二大街、迎宾路等主街道业已形成，荔园路、延寿路、东园路正在规划建设中，城区东扩北拓空间广阔，是未来莆田城区扩张的重点区域，城市排洪、排污等配套设施不断完善，生产生活垃圾无害化处理率达90%以上，城乡绿化一体化进程进一步加快，城市绿化面积达38%。

荔城区物产资源丰富。全区已形成以蔬菜、畜禽、水果、水产为四大主导产业的农副产品生产格局，是福建省的荔枝主要生产基地之一，是莆田市主要的"菜篮子"工程基地。新度镇是全国最大的禽苗生产基地，年可孵化禽苗1.6亿羽。荔城区内矿产资源丰富，可供长期大量开采。

荔城区人文资源丰富。荔城区秉承原莆田县"文献名邦"的本色，文化底蕴深厚，精神文明硕果累累。境内旅游资源十分丰富，有闻名遐迩的南少林寺，规划建设中的壶公山省级森林公园，人流、物流集聚的步行街，风光秀丽的延寿溪荔枝林带，形成了"一寺一山一街一溪"的旖旎景色。同时，区内还有三清殿、古谯楼、真武坛、九华叠翠、紫霄怪石、谷城梅雪、天马晴岚等著名景点。

荔城区发展基础坚实。农业产业化经营粗具规模，全区共有国家级、省级、市级龙头企业各1家，还有一批农产品加工企业正在兴建。龙头企业带动生产基地45个，面积7万多亩。工业经济基础扎实。全区规模以上企业93家，初步形成生物医药、新型材料等新兴行业和鞋革、食品、纸品包装等传统行业齐头并进的发展格局，与鞋革、食品等主导产业相配套的鞋材、包装等中下游产品门类齐全，产业链已初步形成。市场体系比较健全，商贸流通兴旺发达，房地产日渐升温，社区服务业正在加快发展。2002年，全区实现三次产业比例为15.0∶50.8∶34.2，综合经济实力居全市第二位；城镇居民人均可支配收入7500元；农民人均纯收入3600元。同时，精神文明和民主法制建设也有新面貌，各项社会事业协调发展，社会安定稳定、人民安居乐业，新区建设呈现出一派欣欣向荣的景象。[①]

（二）城厢区

城厢区为莆田市政治、文化、教育、商业中心，是古府重镇，又是一座充满生机的新兴城市。古往今来，英才辈出，享有"文献名邦"之誉。

城厢区位于福建省沿海中部、台湾海峡西岸，南临深水良港湄洲湾，324国道、福泉高速公路贯穿全境，是扼东南沿海中部水陆交通要冲的黄金地带，为莆田市政治、文化、教育、商业中心。全区面积509平方公里，人口38.2万人。辖霞林、凤凰山和龙桥三个街道，常太、华亭、灵川和东海四个镇。

城厢区历史文化源远流长，人文景观荟萃，城内有千年古刹广化寺、大型古堰木兰陂等著名旅游景点，北部是水光潋滟的东圳水库，南面是碧波荡漾的湄洲湾。

城厢属南亚热带海洋性季风气候，四季常青，地宝物华。常年平均气温20℃，年平均日照1947小时，年平均水量为1300毫米，无霜期320—350天。

城厢区气候温暖，雨量丰沛，日照充足，土壤肥沃，生物资源和物产资源丰富。境内地热资源较丰富，水温40℃—50℃，可利用潜力大。这里盛产水稻、大小麦、甘薯、甘蔗、黄麻、大豆、花

---

① 荔城区人民政府网站，http://www.ptlc.gov.cn/tabid/64/Default.aspx。

生、蔬菜。荔枝、龙眼、枇杷为区内三大名果，区内还有橄榄、余甘、杨桃、香蕉、芒果、杨梅、葡萄、番石榴、桃、李等名优水果40余种，是南国有名的花果之乡。1961年，谢觉哉途经城厢时题诗赞："果园错落绿如棚。"翌年，郭沫若路过城厢时也赋诗赞："荔城无处不荔枝。"①

（三）秀屿区

2002年2月，秀屿区经国务院批准设立。秀屿区在"开发湄洲湾、振兴莆田市"中担负着重要职责。秀屿区地处莆田沿海，陆域面积390平方公里，海域面积4514.75平方公里，下辖6镇1乡，147个村（居）委会，城镇化水平30%，人口62万。

秀屿区位于台湾海峡西岸，介于福州与厦门和中国香港与上海之间，东距中国台湾台中港72海里，北距福州马尾港132海里，距上海港510海里，南距厦门港96海里，距香港397海里，是沿海对外开放地带及对台往来的交通枢纽。秀屿区属亚热带海洋性气候，气候宜人，自然条件优越。秀屿区资源丰富，是海峡和平女神妈祖的故乡，具有独一无二的妈祖文化优势。秀屿区还拥有得天独厚的港口优势、区位优势和完善的基础设施。佳通轮胎厂、湄洲湾火电厂、福建液化天然气接收站、燃气电厂、林浆纸一体化项目、秀屿进口木材检疫除害处理区、木材加工区、风力发电厂等一大批重大项目落户秀屿区。

秀屿区立足区情，大力实施项目带动战略，努力构建海洋经济、工业经济、城市经济，加快区域经济发展，以建设新兴临港工业城市为目标，积极参与建设海峡西岸经济区。

秀屿区妈祖文化底蕴十分深厚，分布在世界各地的妈祖信徒有2亿多人。湄洲岛是国家4A级旅游度假区，湄洲妈祖祖庙被海内外誉为东方的"麦加"，是妈祖信徒的朝拜圣地，同时，港里祖祠是海峡和平女神妈祖的诞生地，每年前往朝拜的海内外妈祖信徒、

---

① 莆田市城厢区人民政府网站，http://www.chengxiang.gov.cn/newshow/9701。

游客达 100 多万人次。正在规划建设中的妈祖城，主要围绕弘扬妈祖文化，依托湄洲妈祖和祖庙的名气，湄洲岛妈祖文化旅游的人气，以及妈祖祖祠依山面海的灵气，整合妈祖故里和莆禧城的旅游资源，在湄洲岛对岸围海造地，建设国内一流的美丽滨海城市，打造海峡两岸民间交流的新平台。妈祖城将集文化、旅游、休闲、娱乐、商贸、商住等功能于一身，规划为海滨度假区、生态休闲区、文化古迹风貌区、居民住宅区、综合服务区、紫霄风景区、渔港游艇码头区、海滨休闲景观带等八大功能区，规划总用地面积 18 平方公里。

秀屿区地处福建东南沿海中部，兴化湾、平海湾、湄洲湾三湾环绕。全区 20 米等深线内浅海面积 987 平方公里，湄洲湾深水岸线长达 21.4 公里，可建上百个万吨级泊位码头，有天然深水良港东吴港和秀屿港。山乐屿岛已被福建省政府规划为国际货物集散基地，规划建 1 万—25 万吨级码头 20 个。秀屿港已开辟为国家一类口岸，是交通部规划的全国四大中转港口之一，1999 年对外籍船舶正式开放，现港口年吞吐量达 1000 万吨。秀屿港、东吴港常年不冻不淤，风平浪静，10 万吨级的船舶可以自由进出，15 万吨级船舶可以乘潮进港，30 万吨级巨轮可以在港停泊。

秀屿区形成以福建液化天然气（LNG）项目为龙头，火电、气电、风电一起发展的能源基地。LNG 总体项目于 2005 年 4 月 15 日动工建设，项目一期投资 300 亿元，供气规模为 260 万吨/年，于 2007 年竣工投产。一期投资 8400 万元的南日风电，建设 11×850 千瓦，风机装机容量 9350 千瓦风机，二期投资 6600 万元，建设 8×850 千瓦风机，已投产发电。湄洲湾火电厂装机容量为 2×36.2 万千瓦，已全面投产并网发电；投资 65 亿元的燃气电厂场地正动工平整，主体工程 2006 年开始，总投资 5 亿元的石城、石井各 5 万千瓦风电厂列入"十一五"规划重点发展项目。

兴化湾、平海湾、湄洲湾三湾环绕秀屿区，全区海洋国土面积4514.75平方公里,拥有143个岛屿,海岸线总长471.19公里,其中大陆岸线237公里,海岛岸线233.89公里,具有丰富的渔业资源、盐业资源、滨海旅游资源和海洋矿产资源。

目前,秀屿全区在外经商务工人员近20万人,主要从事建材行业、医药行业、首饰石雕等相关行业。经过多年的发展,民间资本积累雄厚,已形成有竞争力的地区产业优势。①

第二节 涵江区概况及其经济社会发展历程

一 涵江区自然环境及物产

涵江区位于福建省中部沿海,北纬25°23′—25°27′,东经119°04′—119°10′之间。涵江地处戴云山支脉向东南滨海延伸的囊山余脉,除西北和东北为高低起伏的红壤丘陵外,其余皆为临海平畴沃野,总面积大约60平方公里。境内台地最高海拔不到45米,坡度均在10度以下。涵江海岸线长度超过15公里,浅海宽广,可供养殖的滩涂面积多达1万余亩。在"二十里平田"内,沟河纵横,舟楫穿梭。

涵江区属于典型的亚热带海洋性气候。此地季风明显,冬暖夏凉,气候宜人,日照充足,雨量充沛。涵江的年平均气温为20.2℃,年平均日照时数为1943小时,年平均雨量为1289毫米。

涵江是莆田木兰溪平原的一部分。土地膏腴,物产丰富,盛产大米、小麦、甘薯、大豆、花生、蔬菜和甘蔗等农产品。涵江有荔枝、龙眼、枇杷、柿子四大名果,以及海蛏、牡蛎、鲟、蛤、鲻鱼、对虾、章鱼、鳗鱼等海河产品。在海河产品中,鳗鱼和对虾最为出名。

此外,涵江境内非金属矿藏丰富;地热水温度超过30℃,可

---

① 秀屿区人民政府网站,http://www.ptxy.gov.cn/xygk/20070827/093703.aspx。

利用潜力大；砖瓦黏土储量在 1 亿吨以上；花岗岩藏量亦多达 100 万立方米。

二　涵江区历史沿革

（一）建制沿革

涵江历史源远流长。早在春秋战国时期，已有先民在此繁衍生息。秦汉之际，渐有人群择平原而居。自南朝陈光大二年（568年）莆田置县时起，涵江即属其辖地。唐贞观元年（627年），境内围海造田，筑涵（即水闸）排涝，故称其地为涵头（为涵江最早地名）。宋代，"刘氏初开水心河"，始有"涵江"之称。宋元时期，境内分属莆田县唐安乡望江里、延寿里，崇业乡孝义里，武化乡仁德里。明清两代，分属莆田县二区延寿里、望江里、仁德里和三区孝义里。民国时期，隶属莆田县二区。新中国成立初至1984年5月，涵江仍隶属莆田县。①

1984年6月，涵江升格为莆田市辖区。从此，千年历史揭开了新的一页。1992年8月，涵江被福建省人民政府批准为改革开放综合试验区。1993年，进行撤乡、建镇和扩办（街道办事处），成立三江口、白塘、国欢镇和涵东、涵西街道办事处，下辖49个村民委员会和10个居民委员会。

2002年2月经国务院批准，莆田市进行部分行政区划调整，原莆田县的江口、梧塘、秋芦、白沙、新县、庄边、大洋等7个乡镇和赤港经济开发区划归涵江区管辖。调整后的涵江区辖有"九镇一乡两街"以及赤港华侨经济开发区，辖区面积由60平方公里拓展为752平方公里，人口近42万。2003年，涵江区辖2个街道、9个镇、1个乡：涵东街道、涵西街道，三江口镇、白塘镇、国欢镇、江口镇、梧塘镇、萩芦镇、白沙镇、庄边镇、新县镇，大洋乡。

---

①《千年涵江》，方志出版社2004年版，第1—2页。

（二）战斗及革命发展历程

涵江人民秉性刚强，富于正义感和反侵略、反压迫的优良传统。在宋代，有领兵抗金殉国被誉为"河北第一将"的陈淬和抗金义兵首领李富。宋末，境内生民踊跃，投身陈文龙领导的抗元义举。在明代，境内民勇为戚继光部奋勇助战，歼灭进犯涵江的倭寇2000多人。

辛亥革命时期，境内仁人志士踊跃参加孙中山领导的民主革命。"五四"运动期间，涵江学生和各界人士举行罢课、示威游行，声援北京学生的爱国运动。民国16年（1927年）1月，涵江成立了第一个中共党团混合支部，领导涵江人民开展多种形式革命斗争。之后，涵江中学学生革命活动相当活跃，一度成为闽中地区学运中心之一。抗日战争爆发后，涵江人民共赴国难，万众一心，抵制日货，捐款捐物支援国民革命军第十九路军抗日。许多人参加新四军，奔赴抗日前线，英勇杀敌，并为革命事业流血牺牲。1949年8月，涵江各界人士以实际行动迎接解放大军的到来。[①]

新中国成立后，涵江人民积极投身于剿匪反霸、"三反"、"五反"、抗美援朝等运动以及打击国民党军队窜犯沿海岛屿等斗争，为保卫人民革命成果做出了重要贡献。

三　涵江区人口发展历程及现状

宋代始，因境内农业开发较早，加上商贸兴起，人口增加较快。当时，"涵头市"（今涵江区）已是"稠密人家"。明清时期，涵江已发展成为闽中重镇。人口一度增长较快。但在明末，境内沿海常受倭寇侵扰，人口大量死亡、逃亡，人口数量锐减。清代以后，涵江多次发生严重瘟疫，人口死亡较多。清光绪二十八年（1902年），哆头一带就因瘟疫大流行死亡400多人，不少人家因此绝户。民国时期，因灾害、抽壮丁、抓夫、瘟疫等原因，人口自

[①]《千年涵江》，方志出版社2004年版，第38—51页。

然变动幅度仍起伏较大。清中叶，境内望江里（今三江口镇一带）、孝义里、仁德里（今白塘镇一带）和延寿里（今国欢镇一带）人口均超过万人，并形成塘头、哆头、铁灶、魏塘等十几个中心村落。

民国36年（1947年），涵江共有住户12095户，人口64420人，分别占当时莆田县住户总数的9.98%和人口总数的10.17%。

新中国成立后，人民生活水平逐步提高，卫生环境条件逐步改善，人口出生率增高，死亡率则大幅度下降，人口一直呈现增长态势。20世纪50年代，人口自然增长率在15‰—25‰之间。1955年，境内人口81116人，比民国三十六年净增了16696人，1958年，因涵江所辖行政区划扩大至江口、西天尾、梧塘、萩芦等地，人口激增至192972人。①

三年自然灾害后，生产全面复兴，人民生活水平有明显回升，人口自然增长率一直保持较高水平。1964年，涵江人口增至216693人，为其人口总量的最高峰。1965年，因行政区划再次调整，人口下降为102345人。"文化大革命"期间，由于生育失控，加上60年代初赴闽北的移民大量回原籍，人口总量逐年快速增加。1976年，涵江人口达127656人，比1965年净增25311人。②

1979年后，特别是1984年建区以后，涵江经济发展迅速，干部、职工队伍迅速壮大，来涵经商办企业者大量增加，使人口规模持续增长。1987年，全区人口突破15万人；1990年，超过16万人；1992年，涵江成为改革开放综合试验区，外地来涵居住者每年均在2000人以上，使人口总量快速增长，同年人口突破17万人；到2000年，涵江区人口总量突破20万。由于涵江在此期间严格实施了国家人口计划生育政策，人口自然增长率稳步下降。1981—1991年，人口自然增长率均在10‰以内；1992—2000年，

---

① 《涵江区志》，方志出版社1997年版。
② 《涵江区志》，方志出版社1997年版。

人口自然增长率均在6‰以内。由于2002年涵江区辖区范围调整，全区人口由2001年的20余万人剧增为40万人。2009年涵江区人口总数为43.18万人。2002年以后，涵江区人口的自然增长率保持在8‰左右。①

四　涵江区经济发展历程及现状

（一）农（牧、渔）业

民国时期及其以前，自然灾害频繁，境内缺乏水利设施，且耕作粗放，收成很差，年亩产稻谷只五六百斤。加上战乱不已，社会动荡，抓丁拉夫，苛捐杂税，迫使农民逃荒，农田荒芜，故农业生产水平低下。1949年，境内农业总产值仅97.7万元，占工农业总产值的87.2%，粮食总产量650万公斤，人均粮食占有量145公斤，生猪存栏6500头，水产品产量195万公斤。

新中国成立后，在农业合作化运动推动下，种植业得以迅速恢复和发展。20世纪60年代，大面积推广矮秆水稻和抗锈小麦，粮食产量增长较快。70年代，推广杂交水稻、矮秆大小麦良种及其配套栽培技术，水稻和小麦平均年亩产分别达到850公斤和200公斤左右，创造出早稻、晚稻、小麦"三熟三高产"的栽培模式。80年代，农村普遍推行家庭联产承包责任制，大力提倡科技兴农。先后推广高产模式栽培、无公害蔬菜栽培和地膜覆盖栽培技术。水稻持续高产，连年平均亩产稳定在750—950公斤；大小麦平均亩产稳定在150—250公斤；甘薯、花生、大豆等作物，连年取得较好收成。其间，创办于1970年的埭里村农业科技小组，一直是境内农业新品种、新技术试验推广的示范点，成为全省闻名的村级农业科技试验栽培基地。从90年代始，涵江蔬菜种植业得到迅速发展，建成常年性和季节性蔬菜生产基地，一度成为莆田市最大的

---

①　《涵江年鉴（2001—2004）》，方志出版社2005年版；《涵江年鉴（2010）》，厦门大学出版社2011年版；《千年涵江》，方志出版社2004年版。

"菜篮子"基地之一；涵江逐步建成的高优农业基地和农田保护区，大大提高了全区的粮食产量和粮食自给率。进入21世纪后，涵江区不断发展农业新技术，调整种植业结构，使得种植业得到快速合理发展。2009年，涵江全区种植业实现产值5.77亿元，其中，粮油作物实现产值1.53亿元，蔬菜产值1.67亿元，水果产值2.13亿元。

1956年在对农业完成社会主义改造后，涵江养殖业也得到快速发展。首先，涵江水产养殖迅速发展。20世纪60年代"哆头蛏"的养殖面积已达8000多亩，年产量40多万公斤。此后80年代，河鳗养殖日渐兴盛，并成为部分乡镇的主要产业之一。90年代始，涵江区万亩滩涂养殖已从蓄水养蛏向牡蛎、鲟、蛤、鲐鱼、梭子蟹等多种海产养殖发展。2000年后，水产养殖也取得较大发展。到2009年，全区水产养殖实现水产品总产量5.3亿吨，实现产值6.05亿元。其次，以奶牛、生猪、鸡鸭饲养为主的畜牧养殖也得到较快发展。20世纪60年代，奶牛数曾达到2000多头，产奶量达1.5万吨。80年代，生猪、鸡鸭从家庭小量饲养发展为专业户规模养殖。90年代中期，涵江有百头以上生猪饲养场增加到15家，3000只以上鸡鸭圈养场增加到17家，这些饲养场成为当时全区肉禽蛋的主要供应地。进入新世纪后，涵江区开始推行畜禽良种养殖，畜禽养殖向规模养殖方向发展。2009年，全区畜禽规模养殖场达到1191个，专业户1.1万户。当年，期末生猪出栏47.3万头、家禽出栏218.9万羽，肉蛋奶总产量6万吨，共实现产值7.94亿元。①

（二）工业

1949年前，只有手工小工场，如打铁、小农具制作、粮油加工、土榨糖、制鞋（草鞋、布鞋）、手工织布、竹编、家具制作、

---

① 《涵江年鉴（2005—2008）》，方志出版社2009年版；《涵江年鉴（2010）》，厦门大学出版社2011年版。

炼奶、桂元干焙制和水果罐头加工等，多属家庭手工作坊及季节性生产，设备简陋，生产规模小。

新中国成立初期，人民政府对个体手工业、私营工业采取公私合营、合作联营等形式。1953年，境内进行生产资料社会主义改造，开始发展公私合营和合作联营工业。1958年"大跃进"时，全民大办工业，涵江区域内发展出一批莆田县属地方国营工厂，如莆田罐头厂、莆田造船厂、莆田玻璃厂、涵江粮油加工厂、涵江钢铁厂、涵江化工厂、涵江农具厂等。此后不久，这些国营企业，要么转为集体性质，要么合并或撤销。1966—1976年，受"文化大革命"干扰，工业发展极为缓慢。

1978年后，我国对外开放、对内搞活政策，涵江的工业企业借机得到发展。1984年涵江建区后，采取"特殊政策、灵活措施"，充分利用涵江地理优势和资源，进行一系列工业基本建设，工业发展跃上新台阶。1988年，涵江辟为沿海经济开放区，在加快集体经济发展的同时，逐步发展个体、联合体经济以及"三资"企业。1992年后，区委、区政府制定改革开放综合试验发展战略，工业以城市建设为依托，在全区范围内合理布点，区域内工业布局、工业内部行业结构、企业规模结构、技术结构和经济成分都发生很大变化。工业门类已拥有鞋革、纺织、服装、针织、电子、冶金、光学仪器、机械、化工、玻璃、造纸、印刷、食品、罐头、酿酒、木器、水产加工等，其中木雕工艺品、玻璃制品、母乳化奶粉、烤鳗、镀锌管等已成为拳头产品，产品畅销国内外。乡镇企业、"三资"企业成为发展涵江经济新的增长点，工业经济在区国民经济中居于主导地位。

目前，涵江已成为莆田市的工业重区，其规模以上工业企业产值占莆田全市的42%以上。形成了电子信息、鞋革服装、食品加工和机械制造四大支柱产业，印刷包装、工艺美术、医药化工和物流配送四个新兴产业。拥有莆田市唯一的省级技术产业开发区——莆田高新技术产业园区，并设立新涵工业集中区、临港工业集中区和物流园区。涵江是全球最大的电子计算器生产基地、国内最大的平板液晶显示器生产基地、最大的出口摩托车制动器生产基地、最大的易拉盖生产基地,形成海峡西岸先进制造业新兴基地。

(三) 商业贸易

涵江自古以商兴镇,宋代初开商埠,明代已成为莆田商贸中心,清末名列福建四大重镇之一,抗战时期有"小上海"之誉。民国末期,政府乱征捐税,滥发纸币,物价飞涨,市面日趋萧条。

新中国成立后,通过私营工商业社会主义改造,集中发展国营商业和集体商业,确立国营商业主导地位。20世纪80年代始,境内实行以公有制为基础、国营集体商业为主导、个体私营商业为补充的多种成分并存的经营体制,重点推行多种形式经营承包责任制,改革流通、价格体制,促进市场繁荣。之后的20余年中,涵江区逐渐建成农贸、小商品批发、生产资料、粮食、蔬菜、海产品、猪苗、水果等八大专业市场以及木材、家具、服装、五金电器、建材、食杂、小百货等十条专业街,成为海峡西岸最主要的商品交易中心之一。

(四) 财政

自唐至清朝,境内财政收入主要来自田赋、盐税、酒税、商税等。民国时期,形成货物税、直接税、地方税、盐税、关税等五个税系,又开征许多附加税,苛捐杂税,名目繁多。税收分别上缴,财政收支由县署统收统支。

自1950年起,涵江经济迅速恢复,财政收入逐渐增加。1953—1957年,境内财政收入累计达1100万元,财政支出累计达1246万元。第二个五年计划时期,受"大跃进"影响,财政收入骤减,1961年境内年财政收入仅110万元。1962年起,经过整顿,财政收入逐年回升,1964年,财政收入达320万元,其中企业收入120万元,工商税收收入80万元,农业税收收入80万元,其他收入40万元;财政支出310万元。从1966年开始,财政实行"总额分成,一年一复"的管理体制,时值"文化大革命",涵江境内的财政收入大幅下降。1976年，财政收入160万元，财政支出170万元。

十一届三中全会后，随着各行各业全面振兴和经济建设中心的确立，财政收入和支出均得到快速增长。1984年，涵江全区的财政收入为430万元，财政支出为311万元。到1994年年底，涵江全区财政收入增加到8643万元，比1984年增加19倍，年均增长35%；财政支出6483万元，比1984年增加20倍，年均增长35.3%。

我国社会主义市场经济体制确立后，伴随着涵江经济规模的扩大，财政收入和支出均不断实现突破。2005年，全区财政收入为4.54亿元，财政支出为2.58亿元。到2008年，涵江全区实现财政收入为8.65亿元，财政支出为6.32亿元，分别比2005年增长了90%和145%。到2009年，涵江区财政收入和支出均突破10亿元，达到16.78亿元和10.1亿元。[①]

（五）居民收入

1. 城镇居民收入

新中国成立前，涵江城镇居民数量少，多为工商业者和自谋职业者，各自就业，收入不等。

新中国成立后，随着国民经济的发展，政府在增加就业的同时，不断调整提高职工工资。1952年，职工年薪人均为400元，比1949年职工年薪人均300元增长33%。1956年，经过社会主义改造，私营工商业人员大多数成为全民或集体职工。同年，国家进行工资改革。1957年，职工年人均工资达478元，比1949年增长59%。1963年，进行工资调整和工资类区调整，在职职工均不同程度增加工资。1965年，职工年人均工资达到532元。"文化大革命"期间，由于经济建设遭到严重破坏，居民收入有所下降。1970年，职工年人均工资为512元，比1965年减少20元。

中共十一届三中全会后，国家多次调整职工工资及劳动保护福利待遇，增加副食品补贴等，职工家庭经济收入稳步增加，收入水

---

① 朱永恒编：《涵江区财政志》，方志出版社2010年版。

平明显提高。1980年,职工人均工资达725元。1984年6月涵江建区以后,城镇居民收入不断增加,1985年,职工人均工资1029元。1988年,上升至1264元。1991年,增加到2598元。1994年,达到4808元,比1985年增加3倍多。在人均收入增加的同时,生活费收入结构也发生很大变化,收入来源由单一的工资形式,向多元收入发展。个体劳动者经济收入和其他劳动收入普遍高于一般职工水平,且所占的比重呈不断上升趋势。①

进入新世纪后,涵江城镇人均收入水平大幅稳步提高。2001年,涵江城镇居民人均可支配收入为7751元;2005年,城镇人均可支配收入增加为11069元,比2001年增加了42.8%。2009年,城镇人均可支配收入达到18215元,比2005年增长64.56%,年均增长超过16%。

2. 农村居民收入

民国时期,境内农村经济凋敝,农民生活困苦,占农村人口总数10%的地主和富农,占有大量的土地,生活富裕。而占农村人口总数90%以上的广大农民,因缺地少地耕种,一年有半年以上靠杂粮充饥。

新中国成立后,农村的贫穷落后面貌逐步改变。1950—1952年,境内经过土地改革,从根本上改变农村生产关系,农民生产积极性不断高涨,粮食连年丰收,农民人均粮食拥有量逐年增加。1952年,年人均230公斤,1957年,增至311公斤,比1952年增加81公斤。1958—1960年,受"大跃进"影响,加上自然灾害频繁,导致农民收入减少,1962年,人均粮食拥有量降为166公斤。1962年后,涵江根据中央政策要求,增加对农业投入,提高农产品收购价格,并允许农民经营少量自留地和家庭副业,农村重现生机。1965年,农民人均纯收入达46.40元,比1958年农民人均收入32.17元增加14.23元。1966年开始的"文化大革命",再次挫

---

① 《涵江区志》,方志出版社1997年版。

伤农民生产积极性，农村经济徘徊不前。1976年农民人均纯收入只有47.8元，仅比1965年增加1.4元。

中共十一届三中全会以后，境内农村普遍实行家庭联产承包责任制，改变农村经济体制，农业生产持续发展，农民收入大幅度增加。1980年，农民人均收入67.62元。特别是1984年建区后，农村多种经营活跃，农民收入水平出现飞跃。1984年农民人均纯收入达342元。之后，随着农村经济的全面发展，农民人均收入逐年上升。1994年，农民人均纯收入达2053元，比1984年增加1711元，全区农民基本解决温饱问题。[①]

进入新世纪后，与城镇居民相同，农村居民的收入水平也有大幅提高。2005年，涵江区农村居民人均纯收入为4608元，比10年前翻了一番多；到2009年，农村居民人均纯收入达7102元，比2005年增长了54.12%。

五　涵江区社会事业的发展历程

（一）基础设施

1. 公路

涵江历来为闽中通衢。唐宋时期，境内已有驿道，河运、海运亦已开通。明代，三江口港已成为"百货转移满民间"的繁忙港口。清初，辟为对外通商口岸。

新中国成立后，交通基础设施迅速发展。1994年，涵江已形成以福厦路、涵梧（梧塘）路、涵三（三江口）路、涵黄（黄石）路为主干的陆上交通网络。

2000年后，涵江区稳步推进基础设施建设项目，形成了完善的区际和区内交通网。现在，福厦高速铁路和建设中的向莆铁路穿越全境，在涵江设有铁路客运、货运站和互通站；福厦高速公路横贯城区并设出入口，规划建设的兴尤高速公路也将在涵江设立2个

---

① 《涵江区志》，方志出版社1997年版。

互通站；与境内的201省道、202省道、324国道、荔涵大道、涵港大道"五条通道"形成便捷的交通网络。

2. 港区

涵江海岸线总长15公里。木兰溪和延寿溪水系流经境内注入兴化湾，形成天然航道，有三江口、涵江、桥兜3个港口。清代及其以前，海外通商船舶多沿岸航行。港口以自然岸坡为码头泊位，起卸进出口货物。清末民初，海外轮船入境渐多，港口遂有直立式浆砌块石码头。通商航道始设航标。抗日战争期间，境内诸港屡遭日机轰炸。其后，涵江、桥兜两港航道逐渐衰退，唯三江口港维持和中国香港地区以及国内港埠通航。

1949年后，政府对三江口港进行重点建设，航道陆续疏浚，航标设置增多。1959年，三江口和涵江港成为内外贸物资中转站。1981年，三江口港与香港恢复通航。1984年后，外轮多经湄洲湾入境，三江口港成为秀屿港卫星港口。1994年，境内有3个港口、15个码头，港口停靠能力共2820吨，年综合通过能力为48.5万吨。进入21世纪，大规模围海造地，使涵江港区面积不断扩大。2005年，涵江港区可布置28个2万—10万吨泊位，并形成年吞吐1.29亿吨的能力。

（二）教育事业

涵江人民重教兴学，素有"穷经道本同邹鲁"之誉。唐代即有书堂。唐桂州刺史黄岸后裔黄璞与其子仁藻、仁渥、仁滔、仁渭同馆任职，人称"一门五学士"。宋状元黄公度发愤于雁阵山读书，宋高宗御书赐额。南宋知军杨栋还建涵江孔庙；涵江镇官郑雄飞修建涵江书院，理宗皇帝为之御书匾额。明社学昌盛，清代私塾兴起。自唐至清代，境内进士及仕外人物有171人。清末新学继起，近代教育应运而生，崇实兴郡中学、涵江公立中学、铸新小学、实验小学等先后兴办。新中国成立后，涵江教育事业发展迅猛，教育质量不断上升。1983年，涵江城乡实现小学普及教育。1990年开始，实施九年义务教育。1994年，全区有全日制中学6所，职业中学2所，九年一贯制学校1所，小学40所，幼儿园47所。在校中小学生27790人，平均每万人有全日制在校生1700人。另有成人文化技术学校59所（班）。①

进入新世纪，涵江教育事业进一步蓬勃发展。到2009年，涵江区共有各类学校146所，其中中等职业学校1所，完全中学8所，初中11所，实验小学2所，中心小学12所，完全小学76所，幼儿园33所，九年一贯制学校2所；全区各类在校生7.22万人，其中中职学生0.45万人，中学生2.48万人，小学生3.16万人，幼儿学生1.13万人；全区教职工4670人，其中高级职称417人，中级职称1647人。②

(三) 医疗卫生

民国时期，境内有私立兴仁医院和涵江卫生院，规模小，设施落后。新中国成立后，兴仁医院改为涵江医院，由政府接办。之后又相继成立卫生院、防疫站和精神病防治院。1984—1994年，全区医疗机构发展很快，医疗设施面积不断扩大。涵江医院兴建新门诊大楼、病房大楼、广华楼和侯马章急救中心，总面积达1.6万平方米，住院病床250张。涵江乡卫生院新建门诊大楼总面积1500平方米，城区卫生院门诊部总面积700平方米，妇幼中心大楼总面积2201平方米，中医院总面积2000平方米，防疫站总面积1680平方米，精神病防治院总面积2615平方米。涵江城区卫生设施基本完善。

2000年后，涵江区的医疗卫生事业得到进一步发展。目前，全区有各类医疗卫生机构265家，其中综合性医院3家（涵江医院、平民医院和华侨医院），中医院、疾控中心、妇幼保健院、社会卫生服务中心各1家，卫生院10家，卫生消毒杀

---

① 《涵江区志》，方志出版社1997年版。
② 《涵江年鉴（2010）》，厦门大学出版社2011年版。

菌站1家,村卫生所193家;全区共有医生631名,开设床位1050张。

第三节 江口镇概况及其经济社会发展历程

一 江口镇自然环境概况

江口镇,古名港口、通应港、龙津港、迎仙市,雅称锦江。江口镇属涵江区,位于东经118°48′和北纬25°45′,东与福清新厝镇相接,南滨临兴化湾,西北与梧塘镇毗邻,北与萩芦镇接壤。中部为"九里洋"平原,是兴化平原的组成部分。江口镇北部为囊山和玳瑁山两大山脉。境内的两大溪流北萩芦溪和蒜溪横贯交汇,注入兴化湾。江口镇总面积79平方公里,共有农田18049亩,其中水田13000亩,旱地5049亩;有林山68000亩,果树8100亩;有滩涂面积12000亩,海岸线总长11公里。江口的森林覆盖率达53%。

江口镇亦属亚热带海洋性季风气候,全年最高温度37℃,最低温度为2℃,年平均温度为20.2℃,年平均降雨量略高于涵江全区平均水平,为1500毫米。

二 江口镇建制沿革

宋时,江口开始建制,名迎仙市(至今石狮村之外埕),设迎仙驿(唐称待宾馆),建迎仙桥,属莆田县唐安乡待贤里。中华民国二年(1913年),县划江口为第七区,设区公所。1949年8月20日,江口解放;21日莆田县解放。1949年9月在石庭村建立莆田县第七区(江口区)。1958年,江口并入涵江人民公社。1961年,恢复区建制,在今江口境内设立石庭和蒲坂两个人民公社,隶涵江区。1965年,撤区并社,两个小公社合并为江口人民公社。1983年,江口人民公社改为乡建制。1984年10月,江口乡改为江口镇建制。①

2002年5月1日，经国务院批准，莆田市区划再次调整，江口镇并入涵江区管辖范围。现在，江口镇下辖26个行政村和1个社区，共115个自然村（见表2—2）。镇人民政府驻于新前村双鱼（俗名鲤鱼）山麓。

表2—2　　　　　江口镇行政村（社区）

行政村（社区）	驻地	所辖自然村	所属片区
江口社区	孝义	孝义、刘井、港后（港下）、后墩、新井、前会、度围头、下后度	江口片区
新前村	新店	新店、前王、油岚	
海星村	后枯	后枯、蔗车、后埕坡、定园	
新墩村	新墩	新墩	郊前片区
李厝村	李厝	李厝	
前面村	前面	前面	
五星村	顶墩	顶墩、界下、下墩、吴墩、油墩（游墩）	
东楼村	埔埕	埔埕、东施、东蔡、西蔡	
西刘村	西刘	西刘	
石东村	石庭	石庭、上林、上林亭、上蔡、小沟尾、顶旧厝、桥头店、旗杆厝、铁灶、顶六房、吴墩洋、冬瓜里	石庭片区
石西村	墩顶	三张厝、鸳鸯厝、桥头外、田下、下西坡（下斜坡）、顶西坡、顶斜坡、顶埕坡（顶佘坡）、后埕、半圭	
丰美村	顶邦尾	顶邦尾、东田	
丰山村	下邦尾	下邦尾、下肖、石灰（烧灰）、井头	

---

① 《江口镇志》，华艺出版社1991年版，第24—26页。

续表

行政村（社区）	驻地	所辖自然村	所属片区
厚峰村	后坊	后坊（后峰）、后董、中垞	襄山片区
襄山村	山兜	山兜	
坂梁村	梁厝	梁厝、坂溪、可塘、林坂	
刘庄村	上刘庄	上刘庄、下刘庄	
石狮村	狮球	狮球、外楻、石碑后、后山、溪沙、泗坝、广桥、石门、园尾、山兜、龙山尾、山尾、水塘、界路	观霞片区
院里村	上院里	上院里、下院里、陂头、白石	
园顶村	林墩	林墩、墩顶、门兜、新厝、溪东、顶坪尾	
园下村	园下	园下、白尾、双霞溪	
顶坡村	顶坡头	顶坡头（陈埔头）、后面	
上后村	上陂	上陂、塘瀚、林埔（罗埔）、田尾、后俞、后俞埕、磨后、后郑、顶坑头、旗杆头（旗花头）	东后片区
蒲江村	郑坂	郑坂	
大东村	东山	东山、后山、半洋、岐山、鹅路	
东大村	东源	东源、大岭	
官庄村	官庄	官庄（魏庄）、张公岭	

三 江口镇经济发展历程

江口有史以来，基本上都是以农耕为主的经济结构。新中国成立前，江口镇境内自然资源尚未开发利用，工业也极为落后，几乎一无所有，连手工业的生产作坊也是寥若晨星，只有屈指可数的烧灰、农具修配、打铁、纺纱织布、刺绣绘花、榨油、烧砖瓦等小型手工业作坊。直至新中国成立前夕，除仅有的数部机械碾米机外，其他的就是沿袭历史上简陋的手工业作坊和原始、低级的传统生产技术。

新中国成立后，江口的工业、手工业得到逐步发展。1956年由爱国侨胞捐资兴办江口第一家工业企业——江口侨光发电厂，改变了江口地区长期无电的落后状况，为江口人民的生产和生活提供了方便。1958—1960年间，许多村庄相继兴办了燃器厂、铸锅厂、木器厂、碾米厂、榨油厂、粮食复制加工厂、农机具修配厂、锯木厂、农肥厂等。1960—1962年，国家三年自然灾害时期，一些企业和小型工厂相继下马停办。1966—1976年，江口地区的企业几经徘徊，停滞不前。

1978年，中国实行了改革开放搞活政策给长期处于封闭状态的江口带来了生机、增添了活力。1984年实行了人民公社改为镇建制后，江口镇制定了"以农业为基础，以出口创汇为主要目标，以发展外向型经济为重点，合理调整产业结构，坚持山海田一起抓，贸工农一起上"的发展战略，极大地调动了海外侨胞和港、澳、台同胞的投资热情，促进了江口"两个文明"建设的发展，特别是外向型经济的蓬勃发展。①

进入新世纪，随着农业结构的不断调整、招商引资力度的不断加大，农业和工业经济均得到快速发展，全镇经济实力不断增强。

2005年，粮食播种面积8597亩，总产量3415吨。以蔬菜、水果、畜禽、水产为主的特色农业效益显著，全镇蔬菜种植面积达15206亩，产量达27171吨，产值达2995万元；水果总产量达2514吨，产值344万元，百亩以上的果场有11个；畜牧业总产值1.1亿元，有规模养猪场20个，年出栏生猪6.4万头，占全区的30%，种猪9000多头；专业化养禽场70个，年饲养种鸭22万头；水产业主要以吊蛎、缢蛏、对虾、鳗鱼四大品种养殖为基础，2005年，水产养殖总量达2.77万吨，产值1.6亿元；农业产业化进程加快，已培育出新黑龙食品有限公司、东盛山地开发有限公司等一批农业龙头

---

① 《江口镇志》，华艺出版社1991年版，第36—38页。

企业以及江口镇高优农业示范田和莆兴农牧发展基地。

2005年江口镇规模以上工业企业57家，创产值57.7亿元，占工业总产值的85.9%，初步形成了电子信息、五金机械、鞋革服装、食品加工、塑胶制造等五大支柱产业格局，2005年五大支柱产业年产值达56.8亿元，占工业产值的84.5%。其中电子信息业年产值达25亿元，占工业总产值的37.2%；五金机械业年产值达11.2亿元，占工业总产值的16.7%；鞋革服装业年产值达10.6亿元，占工业总产值的15.8%；塑胶制造业年创产值7.2亿元，占工业总产值的10.7%；食品及饲料加工业年创产值2.8亿元，占工业总产值的4.2%。全镇共有各类企业2200多家，其中三资企业164家，累计合同利用外资5.1亿美元，实际利用外资4.6亿美元。高新技术企业不断发展壮大，新威电子、德基电子、德信电子、鼎立被认定为2005年国家火炬计划重点高新技术企业，新威、德信还分别承担有2项和1项国家星火科技项目。莆田高新技术开发区坐落在江口镇西南部，作为莆田市目前唯一的省级经济开发区，是福建省"十五"期间重点扶持培育的电子信息产业新三大基地之一和全省相机研发、生产基地，为江口电子信息业的做大做强提供了良好的平台。品牌建设成果突出，"江口制造"誉满九州。"卡朱米"羽绒服荣获"中国名牌产品"、"中国驰名商标"和"香港名牌产品"称号；新威、德信、新黑龙、莆兴种猪、樱花荣获福建省名牌产品称号；樱花牌文件夹、百花牌文具和三源铝型材被评为"国家免检产品"。①

现在，江口镇已形成"以乡镇企业发展为主、以外向型经济发展为主、第一、第二、第三产业并上"的经济发展格局。江口镇经济蓬勃发展，已成为涵江乃至莆田市发展的龙头之一。

四 江口镇基础设施发展历程

新中国成立前，江口镇上只有一条长不到200米，宽仅3米的

---

① 《江口建设"中国侨乡名镇"产业发展规划（2006）》。

中亭街，街上仅有 18 家低矮简陋的店房。民国时期，东门大岭村出现有碉堡式钢筋混凝土建筑群。

1978 年始建江口新街（即江口街至石西村顶西坡的福厦公路江口段），以东岳观为中心，向四面伸展，全长 6 公里，路面平均宽 32 米，浇灌混凝土或沥青，设置绿化带、花坛和路灯，路旁的工厂、商店、住宅、学校，多为 3—4 层混合结构的建筑物，最高的石西新光大厦和中心小学教学楼，均为 7 层。1984—1990 年，江口镇先后筹资 718 万元，修建石板路、水泥路 33 条，全长 56.3 公里；同期，集资 430.4 万元，修建乡村道路 53.1 公里。①

时隔 30 余年，现如今，江口镇境内交通便捷，福厦公路和福厦高速公路、福厦铁路穿境而过，通往 27 个村已全部铺设水泥路，部分石板路与水泥路集资修建情况如表 2—3。修建自来水厂 2 座，变电站 1 座，外商企业供电专线 2 条，专用通信大楼 2 座，4 所中学、21 所小学，有休闲体育中心广场、文化中心站、老人活动中心、电影院等文化设施，2 所县级医院、1 所卫生院、27 个村卫生服务站，酒家宾馆 4 家，专业市场 4 个，镇内基础设施日臻完善。

表 2—3　　1984—1990 年江口"三胞"及集资修建的部分
　　　　　　石板路和水泥公路

路名	起讫	修建时间（年）	全长（公里）	造价（万元）	捐赠者
东方红路	桥尾山—东方红水库	1984	7	48	许金树、郭兴祥、许天舜等
园顶路	锦江大桥—园顶	1989	3	30	关启成等
锦绣路	江口—石狮	1985	3	31	方秀仁等

---

① 《江口镇志》，华艺出版社 1991 年版，第 61—67 页。

续表

路名	起讫	修建时间（年）	全长（公里）	造价（万元）	捐赠者
华港路	观前尾—港后	1990	1.7	32	侨胞、台胞及群众集资
环城路	福厦路口—新井—桥头	1988	4	36	侨胞集资
华正路	福厦路口—华正自来水厂	1987	1.5	27.2	李文正、王文荣等
石囊路	石庭—囊山寺	1988	6.5	79.8	群众集资
龙山路	石狮—龙山	1990	4	58	蔡金章等
	桥头店—三座厝	1988	2.4	28.8	黄日昌等
	福厦路口—荔枝脚	1988	2.5	28	黄文贤等
院里路	石狮—院里	1987	1.5	18	群众集资及王文贵等

资料来源：《江口镇志》，华艺出版社1991年版，第63—65页。

五 江口镇社会事业的发展历程

（一）教育

莆田素有"海滨邹鲁"、"文献名邦"之称，在福建算是教育较为发达的地区。在封建科举时代，江口地区即设有"锦江书院"，并培养出不少出类拔萃的人才。

民国时期，江口境内先后办起了国民小学。较早的为江口小学、育才小学、韶源小学等。开始向学生讲授国文、自然、算术等新知识。

民国三十三年（1944年）开始创办锦江中学，是江口地区第一所初级中学。由海外华侨集资捐建,为江口地区培养了不少人才。新中国成立前有一批进步人士和地下党人在江口办起了一所"列宁小学"。校址设在丰美东田村,是一所革命启蒙学校。

新中国成立后,江口镇的教育事业呈现一片繁荣的景象。到1990年,江口镇内已拥有31所小学,29所幼儿园,实现村村有小学。小学校舍几乎完全由各村侨胞捐资兴建,设备完善,居莆田前列。同时,江口还拥有两所完全中学[莆田华侨中学(见图2—2)和锦江中学]、一所中等职业学校(莆田华侨职业中专学校)和两所初级侨中(蒲坂华侨初级中学和石庭华侨初级中学)。1990年,江口镇中、小学教职工700多人,中小学学生总人数12000多人。①

图2—2 莆田华侨中学

进入新世纪,江口镇教育资源进一步丰富。截至2010年年底,江口镇有2所完全中学,其中省级重点中学和三级达标中学各1所;1所全国重点职业中专;1所初中;21所小学,其中2所中心小学,19所村小学;22所幼儿园。此外,江口镇还拥有专任教师

---

① 《江口镇志》,华艺出版社1991年版,第82—83页。

1400多人,中小学在校生近万人(不包括职业中专在校生)。

1. 莆田华侨中学

莆田华侨中学1979年由爱国侨胞李王十二妹和李文光母子独家捐资创办,简称"莆田侨中",位于江口镇新前村4号,学校占地113亩。1994年,莆田侨中被确认为省二级达标中学。2006年福建省教育厅正式发文,确认为"福建省普通中学一级达标学校"。莆田侨中先后获得的荣誉还有"福建省素质教育达标中学"、"福建省师德建设先进集体"、"莆田市学校安全工作先进单位"、"莆田市第十届文明学校"、"涵江区先进党组织"等。

莆田侨中在莆田市是继莆田一中之后的第二所实验室达国标的重点中学。侨中图书馆实行智能化管理,设有教师电子备课室、电子阅览室,2007年该校图书馆被福建省教育厅评为"福建省中学示范图书馆"。

办学30多年来,莆田侨中为社会培养了数以万计的人才。建校以来,学校教学质量不断提高,高中会考及格率连年居省市前列,高考文科多次获得全市第一名,有多人获市"许阿琼高考奖学金"。[①]

2. 莆田市锦江中学

莆田锦江中学创建于1944年,坐落在福建东南海滨之畔、莆田著名侨乡——江口。学校南临浩瀚兴化湾,北眺巍巍玳瑁山,怀抱宋代要隘"迎仙寨"遗址,依偎莆田胜景"锦江春色",校园风光旖旎,环境幽静,是个理想的育人圣地。

锦江中学2001年通过三级达标,跻身省重点中学行列。目前,学校拥有37个教学班,学生2000多人,教师140多人;具有高级、中级职称以上的教师100多人,占75%以上;本科学历100多人,占75%以上。近年来学校先后获得荣誉有:1987年荣获中国田径协会授予"雏鹰起飞奖";1995年福建省"乐育英才"先

---

① 根据莆田华侨中学网站(http://www.ptqz.cn)及其他资料整理。

进单位；1997年莆田县"八五"期间侨务工作先进集体；1996—1997学年莆田市"文明单位"；1997—1998学年福建省"五无"学校；1998—1999学年莆田县先进单位；1999—2000学年莆田县"十佳学校"；2000—2001学年莆田县"十佳学校"；2000—2001学年第一届莆田市素质教育优秀学校；2004年莆田市教育局授予"实用型人才输送生源先进学校"；2005年莆田市人民政府授予"市级花园式学校"；2006年福建省人民政府授予"省级花园式学校"。①

3. 莆田市华侨职业中专学校

莆田华侨职业中专学校创办于1957年，当年校名为"石庭中级文化学校"，由海外侨胞组成董事会筹资兴建。学校地处著名侨乡江口石庭，是具有50多年办学历史的侨办学校。占地面积60亩，建筑面积2万多平方米，是一所花园式的"绿色学校"。

1958年9月学校改名为"莆田县石庭农业中学"。1963年经莆田县人民政府批准，"莆田县石庭农业中学"正式转为"莆田县侨办石庭中学"。"文革"时期，"石庭侨中"撤销并入石庭小学，改名为石庭小学附属初中，校名定为"莆田县石庭五七学校"。1989年5月16日正式把原石庭附中改为"莆田县石庭华侨初级中学"，同年搬入新校址。1990年，经莆田县教育局批准开办了职业高中班，1991年经省教委批准又开办了职业中专班，均获得成功，受到社会的认可和欢迎。学校于1991年更名为"莆田县石庭华侨中学"和"莆田县华侨高级职业中学"。1993年3月，定为市级重点高级职业中学。1994年4月经省教委批准为正式全日制职业中专学校，校名定为"福建省莆田华侨职业学校"。1995年，经国家教委批准，校名定为"福建省莆田华侨职业中专学校"，一直沿用至今。1995年该校首次被评为省级重点职业中专学校，2000年经省教育厅复评，再次被确认为省级重点职校。

---

① 莆田锦江中学网站，www.ptjjzx.com/。

莆田华侨职业中专学校现设有国家级职业技能鉴定站、福建省技能型紧缺人才培养培训基地和新加坡劳务输出人员培训基地。学校教育教学设施配套完善，拥有教学楼、艺术楼、科学楼、实验楼、图书馆、师生公寓、礼堂等。图书馆藏书10万多册，报纸杂志400多种。建有多媒体互动网络、计算机互联网络、AAC语音系统和各类实验室、实习车间、校内外实习基地等。①

（二）文化

新中国成立前，江口境内文化设施一无所有。1956年由侨胞何天水、陈圣耀、方焕等集资在江口街下厅池兴建一座侨声影剧院，是江口第一家影剧院。20世纪60年代中期，石西村建起石西影剧院。1982年9月，江口文化中心成立，并在锦江街建江口文化中心站和电影院，基建总面积5000平方米，造价人民币70多万元，内设电影院、投影录像室、图书室、阅览室、科普画廊等。大大丰富了江口人民的文化生活。

为了给海外侨胞及港澳台同胞回乡探亲、旅游参观提供优质服务，1989年12月侨胞陈关美英捐资兴建一座4层高档次的江口宾馆。拥有40个床位、餐厅和咖啡厅等，室内配有空调、电视、电话等设备。

石庭、上后、东大和官庄等村相继由华侨捐资建成本村影剧院。孝义村于1987年10月建成一座侨办文化宫。1990年，江口镇成立了文化技术学校，并筹资兴建了一座镇老年人体协活动中心。同年年底，江口镇实现了镇有文化中心，村有"一部三室"（俱乐部、电视室、广播室、阅览室）。

时隔20余年，江口镇文化事业得到大幅度发展。目前，全镇27个村（社区），均建有广播室、图书室、露天舞台等，村均图书藏量超过2万册。其中6个村还建有室内影剧院，经常举行电影、莆仙戏等演出，年均活动在50天以上。

---

① 莆田华侨职业中专学校网站，http：//www.pthqzx.com。

专栏 2—1　　　　　　　　东岳观

　　东岳观（见图 2—3）创建于 1336 年，坐落于江口镇锦江路。江口古镇深厚的文化底蕴使得千年古观香火鼎盛，名扬海内外。东岳观历来是福清、莆田、仙游等地侨胞侨属以及群众崇奉的"五岳之尊"——东岳泰山的帝君庙宇。道观以恢宏的建筑规模和高度的艺术价值，吸引了广大前来瞻拜的中外各界名士及善众。为了丰富侨乡人民生活，引导民众投身健康活动，1991 年中共江口镇党委将东岳观、镇老干站、敬老院、托儿所融于一体，成立"福莆仙东岳观旅游区管委会"，聘请德高望重的老侨领郭祖基先生任董事长，谱写了东岳观发展史上的新篇章。1995 年东岳观被国务院宗教局收入中国宗教文化大观；1997 年被中国文物协会选定为全国三百所著名旅游景区之一；2005 年福建省人民政府授予省级重点文物保护单位。

　　东岳观不仅是全国少有的道教圣地，而且还是连接海内外乡情的重要桥梁。道观重兴 20 多年来，东岳观董事会积极联络乡谊，造福桑梓，带动海外乡亲捐资公益慈善事业 300 多万元，协助当地政府引进外资 1200 万美元。为了推动家乡教育事业的发展，2005 年董事长郭祖基先生决心打造"阳光工程"，在锦江中学设立"阳光"助学金，每学年捐赠 2 万元人民币资助家庭经济困难的优秀学生，受助初中学生每学期享受 400 元助学金，高中学生每学期享受 800 元助学金。我们永远感激东岳观董事会兴学育才的崇高义举；我们永远铭记一代代董事会同人的德业风范。他们报效家邦的崇高品行，已升华为一种无可估量的力量，奔流在每一个年轻的生命里，永远鞭策着锦中师生奋发图强，铸造侨乡教育强镇。

　　风雨同舟二十载，福莆仙东岳观积极弘扬道教文化，倾情奉献，行善济世，为当地经济文化建设做出不可磨灭的贡献。巍峨壮观的东岳道观啊，福莆仙大地上一面飘扬的民俗文化旗帜，领悟你充满永恒魅力的东岳神韵，我们真切地感受到一个千年古观在公益慈善事业中冉冉升腾的一种超越时空、普照大地的东岳之光!

（资料来源：莆田锦江中学网站，www.ptjjzx.com/）

图2—3 东岳观

（三）医疗卫生①

1. 莆田平民医院

早在民国三十七年（1948），福清和莆田两县的爱国爱乡的侨胞，为发展家乡的医疗卫生事业，在海外组织"福田桑梓慈善会"，并着手筹建"福田平民医院"。侨胞为此筹得一笔巨款，但后因政治原因，医院兴建工作遂告暂停。1950年，印尼著名爱乡侨胞林文祥，受托回国创办医院——"江口平民医院"，即现在"莆田平民医院"的前身。1951年，医院借寓江口小学的校址正式开业。1956年由原莆田县人民政府接办为公立医院。20世纪60年代中期跃为原莆田县四大综合性医院之一。1998年被评为二级甲等医院。2002年5月涵江区人民政府接管后，更名为莆田平民医院（见图2—4）。2006年2月为福建医科大学附属协和医院协作医院。现在，莆田平民医院固定资产8000多万元，设有15个职能科室、10个临床科室、12个医技科室，全院职工296人，其中高级职称38人，中级职称58人，年门诊量10万人次，年住院病人6000人次。医院拥有进口全自动生化分析仪、柯达数字化影像成

---

① 《江口镇志》，华艺出版社1991年版，第91—96页。

像系统（CR）、500 毫安带电视 X 线诊断仪、西门子 CT 诊断仪、进口胃镜、彩色 B 超、普通 B 超、肺功能测定仪、眼科超声乳化仪等先进医疗设备。

图 2—4　平民医院

2. 江口卫生院

1958 年前，江口公社内原有益寿堂、园下村诊所、东源村诊所、石庭村诊所、江口街诊所和丰美村诊所六个联合诊所。1958 年后，前三个联合诊所合并组成"蒲坂保健院"，院址设在园下村，利用旧祠堂作为院舍，年门诊量逾3000人次；后三个联合诊所合并组成"石庭人民医院"，院址设在江口石东村市场旁。1964年，蒲坂保健院和石庭人民医院再次合并组成江口保健院，院址迁往江口旧街，院内设有中医内科、中医外科、中医儿科、中医骨伤科、中医妇科、西医内科、西医儿科、妇产科、五官科、化验室、X线室、中西药房、注射室等，年门诊量约10800人次。同时，院内还建立防疫组，负责全公社范围内的防疫、计免和传染病的管理工作。现在，江口卫生院开设病床20张，年门诊量达10万人次；现有职工70人，专业技术人员60人，其中，副高级职称9人、中级9人。承担江口镇及周边地区近10万人口的预防保健和卫生医疗服务任务。

3. 莆田华侨医院

1981年，热心家乡公益事业的黄文华、黄日昌、黄春元、黄文兰、黄文衡等9位黄姓侨胞，组织捐资，创办了石庭华侨医院。总投资172万元，建有门诊住院联合工字大楼、职工套房楼、职工食堂、病人营养食堂、锅炉房、洗衣房、配电房、汽车房等各一座，共11个主要项目。1983年4月，福建省人民政府批准该院为县级医院，核定病床80张，医务人员96人。省卫生厅批示医院应办成以神经科为主的综合性医院，并任命省立医院神经科主任医师黄克清（石西村人）为名誉院长。1988年5月，"石庭华侨医院"改名为"莆田县华侨医院"。自创办起，莆田华侨医院已届三十春秋，现拥有医疗用房5614平方米，编制床位150张，职工总数189人（其中卫技人员157人，占职工总数的83%，高级职称17人，中级职称32人），并拥有齐全的临床科室和一流的医疗设备。

（四）人口基金和教育基金

江口镇是莆田市侨乡，许多侨胞、侨眷和社会各界人士十分重视教育和人口计生事业，他们纷纷解囊向家乡捐款。自2001年起，江口镇官庄、刘庄、五星、上后等四个村，先后成立了"人口基金"。基金采用"村财挤一点、干部群众和海外华侨各捐一点"的办法筹资，基金理事会及管理负责人由村民代表大会民主选举产生，收支情况定期公布，每年还召开一次座谈会议，征求群众对基金管理使用情况，进行审议并提出新建议等。在开展生育关怀行动中，基金会资金用于计生困难户资助、独生子女、二女户、计生户子女入学或考上大学、重点中学的学杂费补助、发放奖学金、计生户儿童免疫、已婚育龄对象避孕节育补贴、生殖健康检查咨询、不孕症对象的治疗、慰问贫困母亲和敬老爱老等。据不完全统计，截至2008年，这4个村人口基金累计筹款225万元，通过多种模式已支出102.5万元，其中用于生育关怀活动支出69.565万元，占67.86%。[①]

自20世纪80年代以来，侨胞、侨眷们还在江口镇设立多种教育基金用于支持家乡教育事业的发展。目前，侨胞、侨眷在江口镇设立的教育基金主要有许阿琼奖学委员会教育基金、"承光奖"助学金、"阳光"助学金、"李王十二妹留学奖学金"、"印尼总统大学留学奖学金"等。

专栏2—2　　　　　　江口镇人口基金运行模式

1. 致富模式：暂借加贷款

官庄村于2001年10月成立莆田市第一家人口基金会，村计生协会创办的20亩龙眼果园，收入归计生协会与人口基金会。基金会采用的致富帮扶模式，除了借钱，还帮助贷款。官庄村民蔡玉萍等4户看准种植荸荠是个不错的产业，想种荸荠，还想购进加工机械把荸荠加工成粉销售，由于资金缺口4万多元，始终不敢上马。村里"人口基金"了解情况后，不仅暂借3万元，还帮助申请到小额贴息贷款1.2万元。有了资金，4位农民先试种了6亩荸荠，当年赚了2万多元。随后，他们扩大种植面积。很快，暂借款、贷款就全部还了。种植荸荠收入不错，村"人口基金"顺势将种植

---

① http://www.fjjsw.gov.cn:8080/html/8/229/11476_2008822946.html.

荸荠的成功经验推广出去，并同样启动致富帮扶模式，为有需要的农民服务。在村"人口基金"的努力下，种植荸荠成为官庄村的一条致富新门路，全村现在种植荸荠面积已经超过40亩，不少农民加工的荸荠粉还卖到国外。官庄农民林国宝前几年种植枇杷50多亩。2005年是投产期，由于资金不足，没钱购买壮果肥等。眼看着丰收要成为"泡影"，林国宝非常着急。村"人口基金"了解情况后，借给了林国宝5000元，随后，村"人口基金"还帮助林国宝贷到贴息款3000元，让林国宝总算渡过了难关。当年，林国宝的枇杷喜获丰收。有了收入的林国宝，第一件事就是把钱还给村"人口基金"。

官庄、刘庄、五星、上后这4个村"人口基金"的致富模式，虽然采用的是暂借和贷款的模式，最终没有花掉一分钱，但却通过帮扶，让近百户农民走上致富路。

2. 脱困模式：慰问加捐款

近年来，不少农村家庭虽脱了贫，可一旦遇到一些自然灾害、重病、车祸等困难，就会出现返贫现象。返贫后，这些家庭要迅速翻身非常难。江口官庄、刘庄等村的"人口基金"采用"慰问加捐款"的脱困模式，根据困难情况，慰问一定资金，并由"人口基金"理事会的一些热心人士牵头，发动村民捐款，一起来帮助困难户，从而在全村形成"人人互助、人人互爱"的好风气。官庄村民郭金荣患肝病住院，需要十来万的治疗费。这对于刚刚脱贫的家庭来说，无疑是一个天文数字。村"人口基金"理事会了解情况后，送去了2000元的慰问金，还发动群众捐款9.5万元，帮助郭金荣解决了治疗费用问题。令郭金荣意想不到的是，他的儿子想结婚，却没有一间像样的房屋，村"人口基金"理事会好事帮到底，再次发动村民捐款，帮助郭金荣家装修出一间"洞房"，让有情人终成眷属。刘庄村"人口基金"对出现困难的家庭也是非常照顾，除了用"慰问加捐款"的方式帮扶困难户外，拓宽服务内容，开展敬老爱老和关心儿童活动，每年"母亲节"慰问贫困母亲，春节慰问70岁以上老寿星，送上慰问金和慰问品，每年年终还为一些困难户、残疾户另外再送去300—800元的慰问金，以帮助困难户更加顺利地渡过难关。五星村把村部公房出租，每年收入4.5万元款归村人口基金会。二组计生户陈玉荣的儿子患精神病住院，村基金会资助2000元，还发动群众捐款4万元给他儿子治疗，直至病情好转。

这四个村的"人口基金"，采用"慰问加捐款"的方式，收到了很好的效果，发出慰问款20多万元，带动群众捐款超过200万元，帮助195户渡过了难关。

3. 优教模式：奖励加集资

江口镇是劳务出口大镇，不少人到国外打工赚钱。过去，江口人到国外劳务，赚的是"苦力钱"。如今，受益于村"人口基金"多年推行的优教办法，人口素质提高的江口人，开始赚来了"技术钱"。

刘庄村原来的大学生非常少。村"人口基金"每年都拿出一定的资金去奖励在村里的老师。村里孩子只要考上大学，考上重点中学，都重奖。考上博士生奖1500元，考上研究生奖800元，考上重点大学奖1000元，考上一般大学奖500元。1997年，村里创了一个奇迹，考上重点大学的研究生、博士生有13人。2004年，村里又考上5个研究生。今年又有6个孩子考上大学。现在，刘庄村已是远近闻名的"秀才村"。办教育事业，需要大量资金，仅凭村"人口基金"之力肯定不行。村"人口基金"就收集民意，集资办学。官庄村原来的教学楼是危房。经过协调，一年级至六年级的孩子合并到邻村学校去念书。但幼儿的学习仍是问题。为此，村"人口基金"理事会协调村委会、计生协会多方筹集资金121万元，建起设备完善的幼儿乐园，还聘请一名幼师，解决了村里幼儿的教育问题。这四个村的"人口基金"共奖教273人，奖学799人，助学122人。

[资料来源：《莆田市江口镇农村公益"基金"：小钱作用大》

(http://www.66163.com/Fujian_w/news/fjrb/gb/site1/rbdzb/2008—11/18/content_1480662.htm)。]

专栏 2—3　　　　　江口镇教育基金

1．"许阿琼奖学委员会"教育基金

许阿琼奖学委员会 1986 年由香港爱国同胞许国雄先生及其后裔捐资，以许国雄先生的母亲许阿琼命名，为奖励家乡莆田市每年参加高考取得优异成绩的学生和部分学校而设立的捐资兴学慈善机构。全称为"莆田市许阿琼奖学委员会"，旨在鼓励莆田市教育事业的振兴，激励与帮助家乡人才的培养，为振兴祖国效力。该会的主要职责是每年对莆田市参加高考的应届毕业生进行海选，择其成绩优异、品德好的若干名，颁发一次性奖学金，每生 1000 元；对部分大、中、小学予以一次性 1 万—6 万元不等的奖教金或建设赞助经费。此外，本会还对莆田市每年参加国际中学生学科奥林匹克竞赛的金牌、银牌或铜牌获得者给予特别奖，以资激励。许国雄先生逝世后，其长子许奇峰先生继承遗志，奖学规模不断扩大，捐资奖学的良好家风不断传承下来。截至 2012 年，全市共有 2180 名高考优秀学子受奖。

2．"承光奖"、"阳光"助学金

1986 年，旅港实业家李承光在莆田锦江中学设立"承光奖学金"，每年捐资 8000 元奖励各班级学习成绩前 5 名的学生，初中每生 30 元，高中每生 40 元，以资助他们完成学业。同年，李先生设立"承光奖教金"，在他的母校锦江中学掀起了尊师重教的高潮。2003 年，把奖学金额提至每位学生 100 元；2005 年，增设"承光特别奖"，对学习成绩居年段第一名的学生予以每人 2000 元的重奖。2006—2007 学年上学期起，李先生又追加 1 万元奖金用于奖励 10 名优秀教师，每年奖教、奖学金逾 9 万多元。"阳光"助学金于 2005 年由福莆仙东岳观捐设。在东岳观董事长郭祖基先生的积极倡导下，东岳观董事会每年捐资 2 万元资助贫困学生，受助初中学生每学期享受400元助学金，高中学生每学期享受800元助学金。大批贫困学生得到了慷慨资助，得以顺利地完成了学业。

3. "李王十二妹留学奖学金"、"印尼总统大学留学奖学金"

1992年，李文光先生以母亲名义设立了"李王十二妹留学奖学金"，每年提供6万美元作为奖学金，资助12名留学生到世界知名大学深造，并提供每人2万美元的经济担保书。1998年，其资助范围由侨中扩大到全市，2001年又把名额增至24人，金额增至2.5万美元。2002年再设"印尼总统大学留学奖学金"，每年资助50名以上中国优秀应届高中毕业生到印尼总统大学留学，每生每年6000美元。1999年开始，特别设立了"李王十二妹高考奖教奖学金"，每年提供6万元人民币，奖励在莆田华侨中学高考成绩突出的学生和指导教师。

4. 海外合作班

海外合作班由世界著名银行家、力宝集团董事长、莆田籍爱国华侨李文正博士鼎力资助，莆田学院从2002年开始，举办"计算机科学与技术"与"会计学"两个本科专业的"海外合作班"。海外合作班的创办初衷有两个：一是探索办学国际化的途径，借以拓展国际背景下办学的空间；二是打造学科品牌，借以提升学校办学水平。海外班的办学目的是通过海外班办学，探索出一条适合莆田学院"院情"的国际化的办学道路，全面提升莆田学院的国际化水平和整体实力，使之成为国内一流的地方性大学；海外班的人才培养目标是培养具有国际化水平的高级专业人才，试图通过四年的海外班学习，学生们能以英语为工作语言，具备国际化水准的专业知识，既可以到国内外大学研究生院深造，也能在国际和国内人才市场上成为"抢手货"。

5. "黄氏教育基金会北楼教育基金"、"北楼博士基金"

2002年，新加坡爱国华侨黄日昌先生出资，设立"莆田学院黄日昌助学金"，用于资助品学兼优的海外班学生。2010年，黄日昌先生惠捐160万元设立教育基金，以其母亲北楼冠名，全称

"黄氏教育基金会北楼教育基金",开展"北楼专家讲坛"和评选"北楼勤奋敬业教师奖"两项工作,并购买小轿车一部,捐赠给学校用于接送应邀来校讲学专家。

2013年,在莆田学院设立北楼博士基金项目,资助相关学科专业的博士生。此次资助的学科专业为工学、医学、管理学、工艺美术等学科,每年资助的具体专业将由学校于3月份研究决定。资助对象为年龄在45周岁(含)以下的在编、在岗教师,2013年后考取国内"985"高校符合资助专业要求的博士研究生;年龄在40周岁(含)以下,2013年起学校引进的符合资助专业要求的国内"985"高校或国(境)外高校博士研究生;年龄在35周岁(含)以下,毕业后愿意到莆田学院工作的符合资助专业要求的国内"985"高校或国(境)外高校在读博士研究生。每年资助2人,每人总额10万元。

[资料来源:根据许阿琼奖学委员会网站材料(http://www.xaqjx.coml)、莆田锦江中学网站资料(http://www.ptjjzx.com)、莆田华侨中学网站资料(http://www.ptqz.cn)、莆田学院网站资料(http://www.ptu.edu.cn/)。]

第三章

"十一五"时期江口镇经济发展情况

本章主要内容涉及对江口镇经济发展情况的调查分析。在本章,笔者首先对江口镇经济总体情况进行阐述;接着对江口镇的农业、工业、涉外经济、项目投资、财政收支、人均收入等经济指标进行剖析;最后,提出江口镇进入"十二五"时期经济发展所面临的问题,给出政策建议。

第一节 "十一五"时期江口镇经济总体情况

"十一五"期间,江口镇地区生产总值、固定资产投资、财政收入及农民人均纯收入均以较快速度增长。2006年江口全镇完成生产总值38亿元;工业总产值88.2亿元;全社会固定资产投资额达6.2亿元;财政总收入1.198亿元;农民人均纯收入5850亿元。到2010年全镇完成地区生产总值79.88亿元;工业总产值203.18亿元;社会固定资产投资14.75亿元;社会固定资产投资14.75亿元;财政总收入18845万元(含赤港为23367万元);农民人均纯收入7888元。

从经济增幅来看,"十一五"时期,江口镇地区生产总值、工业总产值、全社会固定资产投资、财政总收入和农民人均收入均以较大幅度增长（见图3—1）。据计算，江口镇上述五指标在"十一五"期间分别增长了110%、130.36%、137.9%、95.05%和34.84%，年均增长速度分别为16.00%、18.16%、18.93%、14.30%和6.16%的速度增长。

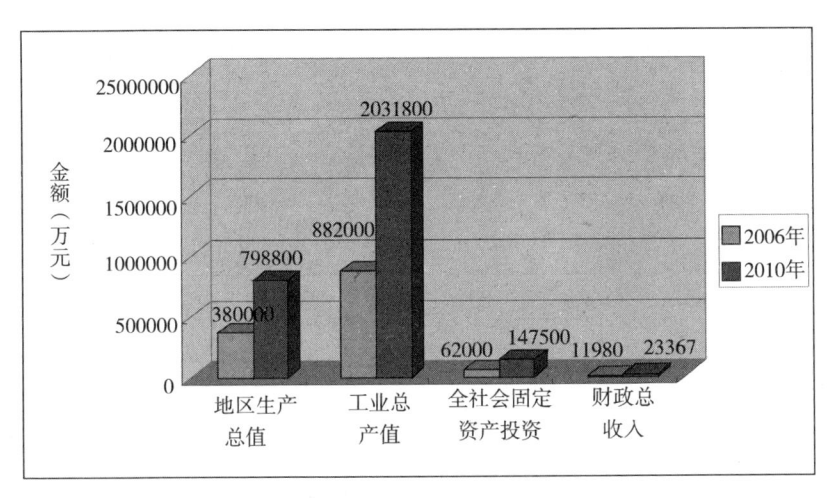

图3—1　"十一五"时期江口镇经济各指标的增长幅度

资料来源：笔者根据调查资料整理得到。

从经济增速的变动来看（见图3—2），2006—2008年，江口镇地区生产总值、工业总产值和财政总收入增速较为平稳；此后由于全球经济危机的影响，2009年三项指标的增速全面下降，降幅均为10%左右；2010年，三项指标的增速全面恢复，但财政总收入恢复速度相对较慢。2006—2008年，全社会固定资产投资均以较快速度增长，但增速波动幅度较大；与上述三指标相类似，经济危机导致了2009年江口镇全社会固定资产投资增速下降，且降幅几乎高达40%。与上述四指标情况不同的是，"十一五"时期，江口镇农民人均纯收入每年均以较平稳的速度增长。农民收入水平之所以平稳持续增长，与国家持续实施惠农政策并不断加大惠农力度密切相关。

从占全区经济的比重来看（见图3—3），"十一五"期间江口镇

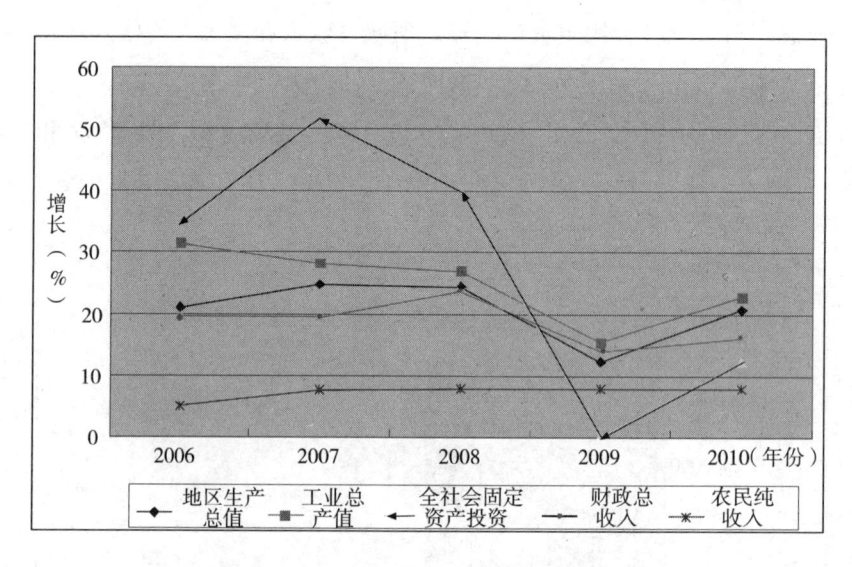

图 3—2　江口镇"十一五"期间经济增长情况

资料来源：笔者根据调研资料计算整理获得。

的地区生产总值和工业总产值始终占涵江区的 30% 以上，且此二比重基本保持稳定。2006—2010 年，江口镇地区生产总值占全区的比重分别为 31.37%、32.43%、33.58%、33.54% 和 33.43%，即前三年为向上"阶梯"状，但"阶高"并不大，随后两年呈现"平台"状；工业总产值分别占全区的比重分别为 37.28%、37.39%、38.12%、38.01% 和 37.07%，比重基本保持稳定。

此外，"十一五"时期，江口镇全社会固定资产投资和财政总收入也在涵江区占有较大比重，但总体呈下降趋势。2006—2010 年，江口镇全社会固定资产投资占全区比重分别为 21.46%、22.88%、23.57%、19.73% 和 16.67%；财政总收入（含赤港）占全区的比重分别为 21.42%、19.57%、20.45%、12.00% 和 9.92%。

第二节　农（林牧渔）业

"十一五"期间，江口镇的农（林牧渔）业经济取得了较大发展。2006—2010 年，江口镇的农（林牧渔）业产值分别为 3.1 亿

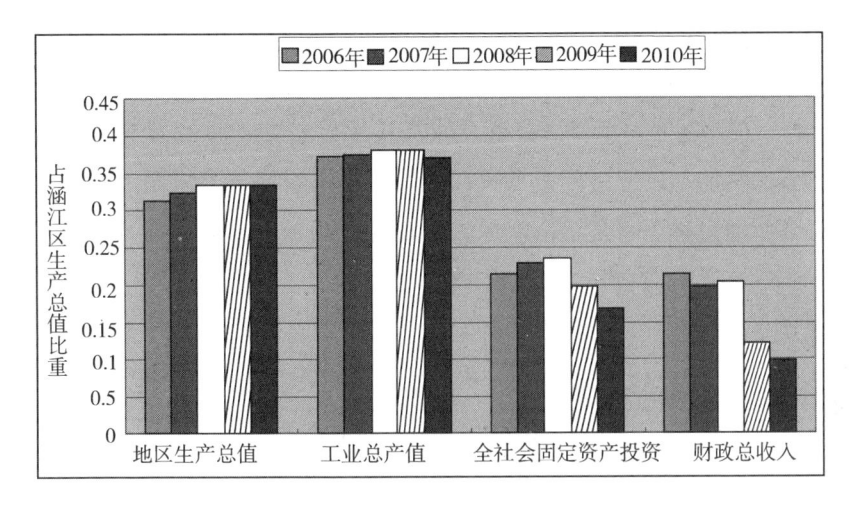

图3—3 "十一五"时期江口经济占涵江区经济的比重

资料来源：笔者根据调查资料计算整理获得。

元、3.4亿元、4.23亿元、4.28亿元和4.69亿元，分别比上年增长10.71%、9.69%、24.41%、1.18%和9.58%。

从横向对比看（见图3—4），2006年和2010年江口镇的农业产值高于与其毗邻且地理位置相似的三江口镇，也高于以农业作为主导产业的庄边镇、新县镇、白沙镇和大洋乡。

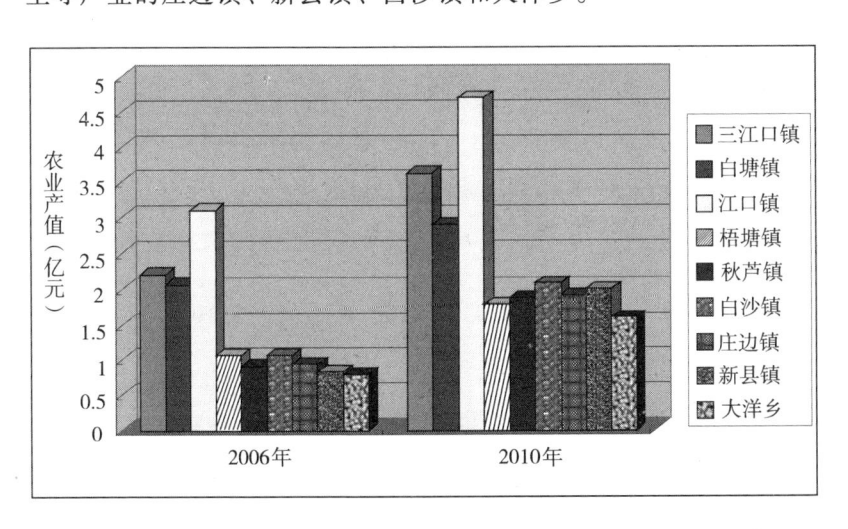

图3—4 2006年和2010年江口镇农业产值与同区其他乡镇的对比情况

资料来源：笔者根据调查资料整理得到。

由图3—5可以看到，2006—2008年江口镇农（林牧渔）业产值均以超过9%的速度增长，特别地，2008年的增长速度甚至超过了24%。在此期间，江口镇农（林牧渔）业经济之所以得以持续快速增长，可能与以下诸因素有关：一是江口镇农业技术应用生产有所提高，通过建立科技示范基地，普及优良品种，有效提高了粮食产量；靠海十里蓝色产业带粗具规模。二是种粮农民补贴水平提高，这在一定程度上调动了农民种粮积极性。三是建立了畜禽良种繁育体系，在一定程度上也推动了畜牧业产值及农业总产值的提高。

受经济危机的影响，2009年江口镇农业产值的增速相比上年出现了急速下跌，跌幅高达23.21%，甚至超过了当年工业总产值的跌幅。

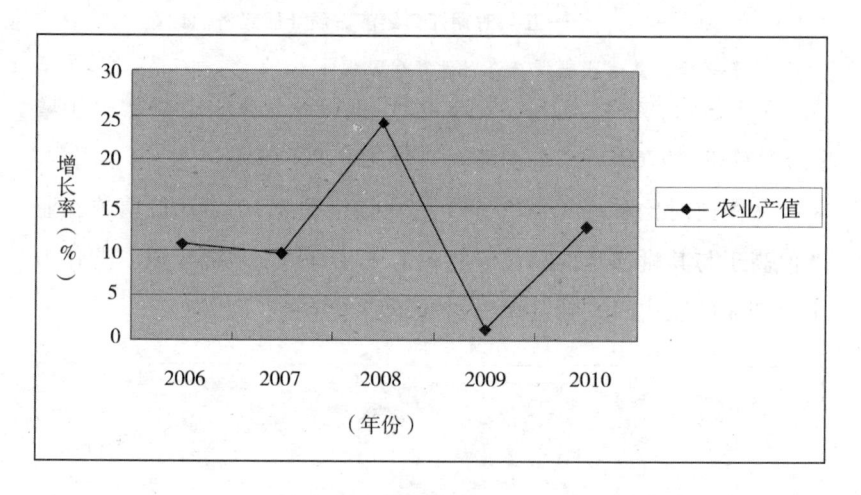

图3—5　"十一五"期间江口镇农业产值增长情况

资料来源：笔者根据调研资料计算整理获得。

从农业总产值结构来看，以2008年为例（见图3—6），江口镇全年的农（林牧渔）业总产值为4.23亿元，来自农、林、牧、渔和农林牧渔服务业的产值分别为1.167亿元、0.087亿元、1.278亿元、0.967亿元和0.731亿元，分别占农业总产值的27.6%、2.1%、30.2%、22.9%和17.3%。值得注意的是，林业所创造的产值在农业产值中占的地位是微乎其微的，与之相反的是，农、林、牧、渔、服务业却占有重要的地位。

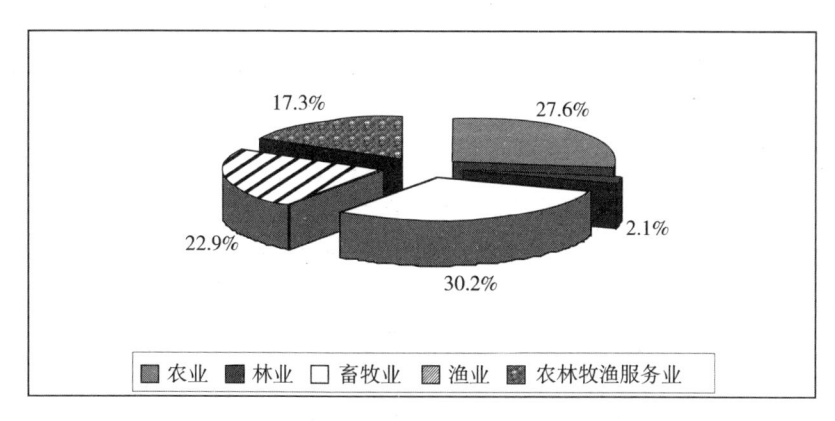

图 3—6 2008 年江口镇农业总产值的结构

资料来源：笔者根据调查资料整理得到。

第三节 工业

由第二章内容可知，在"十五"时期之末，江口镇已形成了以电子信息、五金机械、鞋革服装、食品加工、塑胶制造等五大支柱的产业格局。进入"十一五"时期后，五大支柱产业地位得到进一步巩固，且工业经济得以较快速度增长。以下，笔者对江口镇"十一五"时期的工业发展情况进行分析。

首先，江口镇规模以上工业企业得以迅速发展，并成为支持江口乃至涵江全区工业经济快速发展的主导力量。

2006—2010 年，江口镇各年规模以上的工业企业个数分别为 68 家、78 家、85 家、95 家和 107 家，分别比上年增加 19.3%、14.71%、8.97%、11.76% 和 12.63%。规模以上工业企业各年创造产值分别 77.3 亿元、98.72 亿元、123.05 亿元、152.9 亿元和 189.87 亿元，分别比上年增长 33.97%、27.71%、24.65%、24.26% 和 24.18%（见图 3—7）；规模以上工业企业产值占全镇工业总产值的比重分别为 87.5%、87.36%、85.76%、92.44% 和 93.45%，占涵江全区规模以上工业产值的比重分别为 37.58%、36.71%、35.85%、38.19% 和 37.15%。由此可见，江口镇的规模以上工业企业个数、产值均以一定速度持续增长,而且其在全镇工业经济中的重要地位也不断上升。

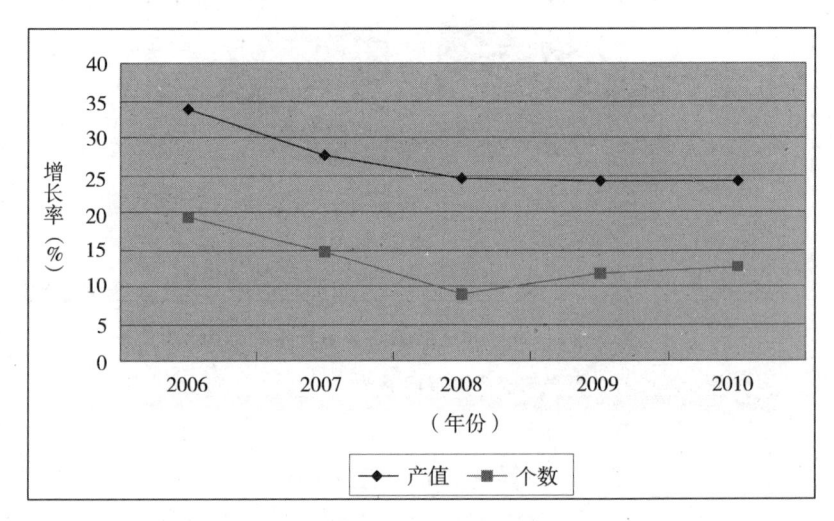

图 3—7 "十一五"期间江口镇规模以上工业企业
个数及创造产值增长情况

资料来源:笔者根据调查资料整理得到。

其次,考察"十一五"时期江口镇五大支柱产业的发展情况。如图 3—8,2006—2008 年,江口镇五大支柱产业各年分别实现年产值 81 亿元、106.91 亿元和 140.32 亿元[①],分别占全镇工业总产值的 91.7%、94.61% 和 97.81%,五大支柱产业在江口的工业经济中占有绝对重要的地位,且这种重要地位在一定程度呈现加强的趋势。结合上文规模以上工业企业产值的占比,可以推测,五大支柱产业中的相关企业大多是规模以上企业。此外,对比江口镇五大支柱产业创造产值的增长率(可计算 2007 年和 2008 年的增长率分别为 31.99% 和 31.25%)可以看到,五大支柱产业的增长快于同期工业总产值的增长率,这也成为上述五大支柱产业地位不断提高的佐证。

---

① 2009 年和 2010 年的江口镇五大支柱产业产值的数据资料未获取。

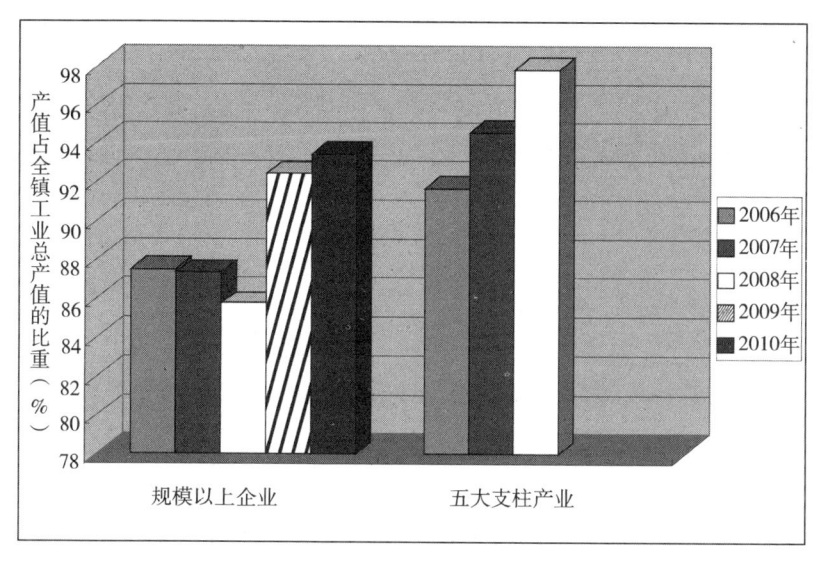

图 3—8　"十一五"时期江口镇规模以上企业和五大
支柱产业在全镇工业经济中的地位

资料来源：笔者根据调研资料计算整理获得。

第四节　涉外经济

"十一五"时期，江口镇利用外贸出口创汇总额达 6.0117 亿美元，占涵江全区这五年出口创汇总额的 36.59%；江口镇的利用外资合同投资总额达 4.6512 亿美元，实际利用外资总额达 4.4044 亿美元，这两项指标分别占涵江全区的 47.86% 和 60.9%。由此可见，江口镇无论是出口创汇还是在利用外资方面，在涵江都占有极其重要的地位。

从出口创汇和合同利用外资的变化来看，2006—2009 年，江口镇外贸出口创汇和合同利用外资投资额的增长率变动稳定，且处于低位（见图 3—9）。特别是合同利用外资投资额在 2007—2009 年出现了持续下降，降幅均超过 9%，出口创汇额在 2009 年也出现了大幅度下降。显然，这与我国整体经济在当时面临的环境相一致，即遭受全球经济危机的扩散影响。但是，在随后 2010 年经济迎来回暖后，外资合同又猛然增加。

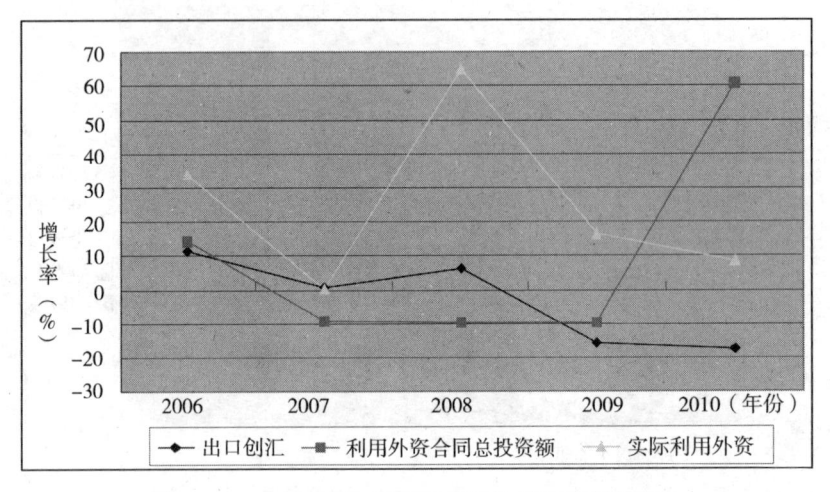

图 3—9 "十一五"时期江口镇涉外经济变化情况

数据来源：笔者根据调查资料整理得到。

比较上述两指标，在这五年中，江口镇实际利用外资的增长波动较大，即从 2006 年的 34% 下降到 2007 年的 0.5%，2008 年猛增为 65%，此后两年增速不断消退，但始终保持增长态势。可以看到，反映江口镇利用外资情况的两个指标，即合同利用外资额和实际利用外资额的变动趋势并不一致，在某种程度上后者的增长却更具不确定性。

专栏 3—1　莆田江口镇：立足实际　力促台企发展

近日，经江口镇党委、政府连续两个月的协调，莆田真周到食品公司项目前期审批手续顺利完成，开始建设厂房。"投资到江口，服务真周到"，这是在江口镇投资兴业的台商们的一致看法。

作为全省第三批深入学习实践科学发展观活动的试点乡镇，江口镇以"海西应先行，江口做贡献"为载体，以开展学习实践活动来推动促进当前工作，针对台资企业聚集当地的特点，结合贯彻落实国务院《意见》和中央领导来闽考察重要讲话的精神，创新思路吸引台资，加大服务力度，帮助台资企业更好更快地发展。

在学习实践活动中，江口镇紧紧抓住闽台产业对接提速的机遇，把对台招商引资作为全镇经济工作的重中之重，在营造投资环境上下功夫。他们积极与土地、规划等部门联系，在荔涵大道等道路沿线调整出部分工业用地，今年以来共筹集1200万元，加快新开辟道路沿线的水、电等基础设施配套建设。为吸引更多台企落户，江口镇采取以商引商策略，通过已落户台商推介本地的优惠政策。今年，落户江口的台湾通信有限公司增资扩建，江口镇不仅帮助征地130亩、协调拆迁等事宜，还无偿进行"三通一平"。真心赢得回报，仅台湾通信有限公司副总经理简秋文，就引来了真周到食品和中洲机械两家台企。

对当地的台企，江口镇认真实行部门联系制度和责任制、台资项目督查制度，创造有利条件，力促企业又好又快发展。今年年初，台企全冠机械有限公司向挂钩干部反映，厂门口位于低洼地，在雨天容易积水，影响员工进出。镇政府迅速反应，两天后就垫平修好了厂区大门外的道路。

经过努力，目前已有9家台资企业在江口镇落户，企业规模效益持续增长。据不完全统计，今年上半年，全镇规模以上台资企业工业产值跃升到5亿元，台企新黑龙食品工业有限公司还创出省级名牌产品。

（资料来源：《福建日报》2009年10月15日。）

第五节　固定资产投资（项目投资）

由本章第一节内容知，"十一五"时期，江口镇全社会固定资产投资出现了大幅增长，但增长率变化表现出与外部环境的高度相关性。以下，是对该期间江口镇的固定资产投资的具体情况的分析和介绍。

根据项目投资等级或用途，江口镇境内的投资项目分为市、区级在建重点项目，市、区级预备重点项目，区级为民办实事项目等种类。从2007年至2010年，江口镇列入上述三类的项目个数分别为50个（市、区级在建重点项目）、25个（市、区级预备重点项目）（见图3—10）和5个（区级为民办实事项目），分别完成固定资产投资总额为7.83亿元（2007年完成1.43亿元，2008年完成2.25亿元，2009年完成2.19亿元）、2.236亿元（2007年完成0.2亿元，2008年完成0.426亿元，2009年完成0.27亿元，2010年完成1.12亿元）和3536万元（2007年完成1136万元，2010年完成2400万元）。此外，江口镇还有2007年的53个跟踪项目，完成投资5.66亿元；2008年31个列入区督查的促开工、促竣工、促投产项目，完成投资额2.8亿元。

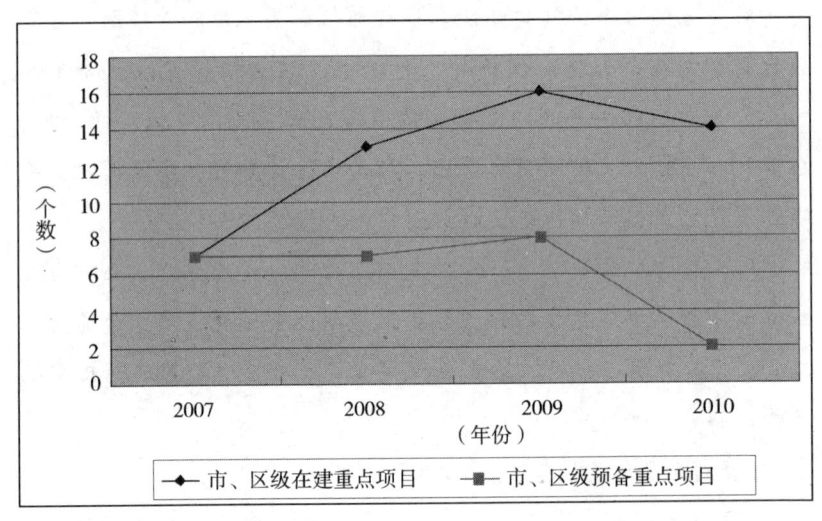

图3—10　2007—2010年江口镇主要固定资产投资项目的个数
资料来源：根据调查资料整理得到。

随着项目投资的进行和完成，江口镇的基础设施也得到进一步完善。以下是江口镇"十一五"期间完成的主要基础设施建设项目。

2006年，江口镇实施"亮化、绿化、美化"工程，投资260万元完成福厦路江口段6公里以及集镇区内600盏路灯的架设、江口备战桥至收费站2000米的防护栏杆、3866.72米的绿化带路缘石及沿线 6 个停靠站的建设；投资 35 万元加固江口海堤，并投资 9237 万元用于自来水和电网改造。

2007 年，完善"三纵四横"城镇路网建设，加快涵江城市组团。完成滨海大道二期（江口段）工程拆迁补偿工作，并做好了滨海大道三期工程（芹兰路）的前期规划工作；投资 975 万元完成了大江线（江口段）重点项目工程，打通了江口通往山区的第二通道；投资 200 多万元完成荔涵大道石庭环岛圆圈至收费站的路灯、路沿石、绿化带、防护栏杆建设和农山路口改造提升工程；完成江口农村客运站以及 26 个农村停靠点建设工程。

2008 年，江口镇配合公路部门对 324 国道江口段进行路面改造，并完成了下水管道埋设和道路两旁绿化带的补植、路缘石建设、江口大桥的双向拓展；投资 1000 余万元完成涵港路东伸（海防路）工程建设，建成海防路总长 1.8 公里，水泥路面宽 15 米；筹资 200 多万元，完成长 820 米、宽 24 米的锦岚街道路工程建设，打通与大江线的连接，并做好路缘石铺设、路灯架设等配套设施的建设；石庭垃圾压缩站和环卫大楼完成建设；完成镇府路旧管道改造工程；投资 400 多万元，完成集镇区自来水管网改造工程。

2009 年，江口镇以滨海大道和福厦铁路等一批重大路网建设为重点，加快福厦铁路丰山丰美统建区以及 8 个自建区的各项基础设施配套建设。火车站进站道路及广场建设等项目扎实推进；投资 200 多万元完成江口法庭新庭址的建设；筹资 20 万元完成重点路段的减速带、路震、斑马线及警示牌、警示灯等基础设施建设；投资 423 万元完成江口海堤六期除险加固工程。

2010 年，江口镇的基础设施建设主要集中于以下三个方面：第一，小城镇规划编制全面完成。投资 600 多万元完成总体规划、近期建设地段控制性详细规划及道路竖向、雨水工程、绿地系统、污水专项、防洪防涝防潮等专项规划的编制，确定了"一带、一区、一片、一园、一心"的"五个一"城市空间发展格局，即山水生态旅游景观带、滨海产业新区、旧城区片、城北高新技术产业园、火车站站前商贸中心（详见第五章内容）。第二，完成了对旧城的部分改造。投资500多万元，完成了对通应路和锦华路总长1.1公里的综合整治，改铺柔性路面、雨污管道、自来水管道改造、杆线下地、路灯、绿化带建设等；投资200多万元完成江口休闲体育中心改造项目，总占地31.9亩，绿化面积5300平方米，改造建设集园林、休闲凉亭、运动广场、游泳池、篮球场等于一体的综合休闲体育中心；投资700多万元完成了福厦路至滨海大道的火车站进站道路拓改工程；投资200多万元完成占地500平方米的江口小城镇规划展示厅建设。第三，有效完善了农村基础设施。一是"六千"水利工程。投资550.6万元，解决了院里、农山等16个村8869人的不安全饮水问题；石狮、院里2个村的饮水安全村村通工程通过市区验收；整治九里洋河道7.29公里，清淤、石堤护坡，累计投资1763万元；小型农田水利重点县建设项目顺利启动，并修复主干渠1500米；投资600多万元完成江口海堤五期、六期除险加固工程。二是农村公路、危桥建设。农村"断头路"的上延下接工作得以顺利开展，2010年江口镇13个村铺设修缮了28公里的村道，投资206万元完成大东桥、兰狗桥、外哥坑桥3个危桥改造项目。三是新农村建设。积极引导村级农民休闲乐园建设，多方筹集资金配套引进公园内的健身器材、篮球场等设施，先后完成了海星、刘庄、官庄、东大等一批高档次的农民休闲公园，成为新农村建设的一道道亮丽风景线，同时，官庄村被列为福建省第二批社会新农村建设"百村示范"联系点。

专栏 3—2　　　　　　　　　涵江火车站

　　涵江火车站是福厦铁路莆田段两大客运站点之一，位于福建省莆田市涵江区江口镇丰山村，距涵江城区4.5公里，2005年9月开工建设，2010年4月26日正式开通运营。涵江站总投资5300多万元，其中涵江区政府投资3560万元。车站设正线2条、旅客列车到发线2条，基本站台2座。火车站总建筑面积1.5万多平方米，其中站台雨棚建筑面积1.1万平方米，站房建筑面积

4240多平方米，站房候车室面积800多平方米，可摆放400多张座椅，最高聚集人数可达700人，候车室设有多个检票口和商业服务区等。涵江火车站周边配套工程包含1.2公里进站道路、约300米的站前环形道路和4000平方米的广场，以及一座13米长的桥梁、一个3米的涵洞。涵江站站前路位于丰山村村口往福州方向约500米的地方，站前路全长约1公里，其中一部分利用原东港路部分路段，设计路宽为40米，为双向四车道，沿线设置路灯、绿化。201省道、进站道路等连接火车站的道路已开工建设，交通部门正根据列车时刻表忙着设计公交线路和班次以及协调增开涵江火车站至各个乡镇的班车，确保以良好的交通环境迎接福厦铁路客运运营。

（资料来源：《涵江火车站建设进入最后冲刺为福厦高铁客运开通做好准备》，《湄洲日报》2010年3月29日。）

第六节 财政收支

"十一五"时期，江口镇实现财政总收入①合计为8.75亿元，年均财政总收入超过1.75亿元；2006—2009年，江口镇财政支出额合计7.94亿元，年均财政支出为1.99亿元。②

以下，笔者对财政收入和支出的结构及规模变化进行分析。

一 财政收入

由本章第一节知（见图3—2），2006—2010年，江口镇财政总收入增长率分别为19.53%、19.37%、23.73%、13.84%和16.02%，财政总收入增速在前两年相对较平稳，2008年有一定的

---

① 镇（乡）级财政总收入主要由增值税、个人所得税、营业税、资源税、城建税、车辆使用税、土地增值税、印花税、企业所得税等工商税收，罚没收入、行政事业性收费等非税收入和政府性基金构成。
② 2010年江口镇财政支出及其结构数据、财政总收入结构数据未获得。

突破（大于20%），但2009年却猛然下降近10%，而后2010年有所回升。

从财政总收入的规模来看，2006—2010年江口镇财政总收入占涵江全区的比重分别为21.42%、19.56%、20.45%、12.00%和12.3%，前三年比重稳定在20%左右，后两年此指标缩小约为12%。引起2009年财政收入占比急剧下降的原因可能是，江口镇工业经济在全镇经济的比重较高，而2009年经济危机对江口镇工业经济产生了巨大影响，这在很大程度上限制了财政收入的增长。尽管江口镇财政收入在全区中地位没有稳步上升，但其在全区财政收入中的重要程度不容小觑。

从财政总收入的结构[①]上来看，2006—2009年，江口镇财政总收入中约有45%—56%的属于地方财政收入，2006年地方财政收入所占比例最低，为45.7%，2008年最高，为55.7%（见图3—11）。同期，在江口镇财政总收入中，有76%—97%来源于税收收入，有1.6%—3.7%的来源于除政府基金外的非税收入，其余的1.6%—20%则来源于政府性基金收入（主要为土地出让金收入）（见图3—12）。值得注意的是，2007年江口镇的财政总收入之所以维持稳定增长，大约有20%的贡献来源于政府基金收入。此外，在江口镇的税收收入中，约有20%属于地方财政收入，而约有80%属于中央财政收入。

从各项来源收入的变化来看（见图3—13），2006—2009年，江口镇税收收入增长率的变化幅度相对于政府性基金收入和非税收入较小，除了2007年税收收入出现小幅下降以外，其他三年均维持15%以上的增长率。相反，政府性基金收入（主要为土地出让金收入）则在增长率最高年份（2007年）达到了372%，

---

① 江口镇财政收入结构（中央和地方）数据系根据江口镇财政所提供的数据及结合涵江区其他乡镇的财政收入结构的情况估算得到。

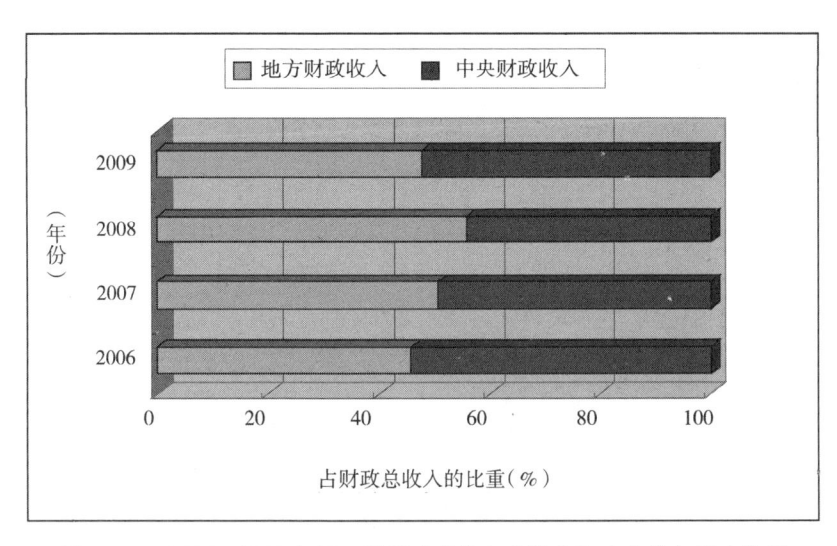

图 3—11　2006—2009 年江口镇财政总收入中地方和中央收入所占比重

资料来源：笔者根据调查资料整理得到。

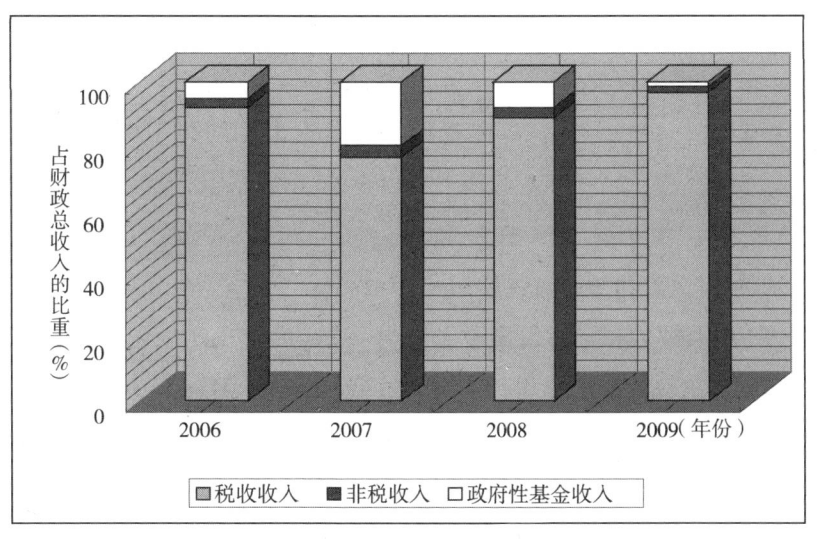

图 3—12　2006—2009 年江口镇财政总收入的来源结构

资料来源：根据调查资料整理得到。

最低年份（2009 年）降幅超过了 77%。由此可见，政府性基金收入（主要为土地出让金收入）作为财政收入的不稳定性和不可持续性。

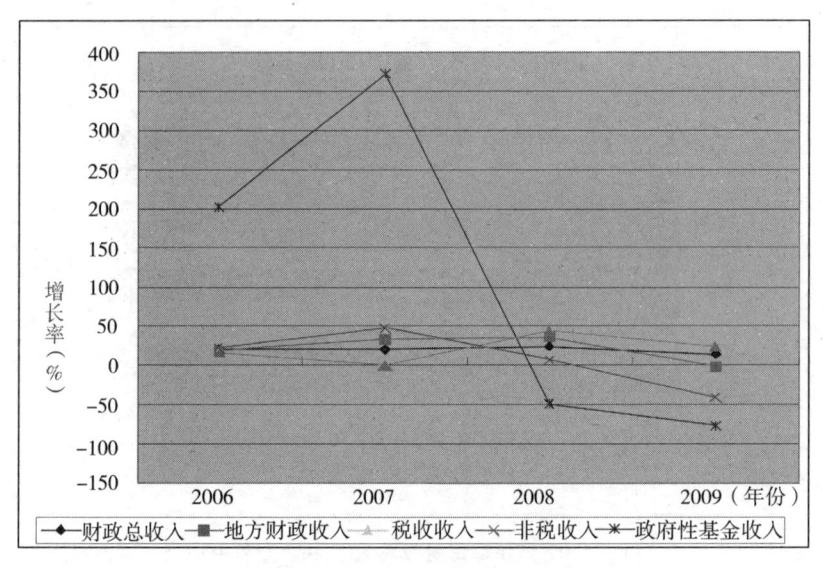

图 3—13 2006—2009 年江口镇财政收入增长情况

资料来源：笔者根据调查资料整理获得。

二 财政支出①

2006—2009 年，江口镇各年的财政支出分别为 1.0277 亿元、1.3834 亿元、2.1374 亿元和 3.3869 亿元，同比上年分别增长 32.85%、34.61%、54.50% 和 58.46%。可以看到，这四年中，江口镇财政支出维持着高速增长。

从财政支出的结构来看，2006—2009 年，江口镇财政支出中用于教育的比重分别为 43.59%、43.07%、34.75% 和 27.27%。可见，财政教育支出在江口镇财政支出中占有极其重要的地位，该地位整体呈现不断下滑态势。同期，江口镇财政支出中用于社会保障支出的比重分别为 3.87%、2.76%、11.12% 和 24.17%。可以看到，江口镇社会保障支出的地位急

---

① 是指区级执行预算落在江口镇辖区内（属地和属人）的财政支出和镇级财政支出的总和，其数据系根据江口镇财政所提供的部分数据、《涵江年鉴（2005—2008，2010）》及《涵江财政志》中部分数据测算得到。故各年数据比江口镇财政总收入要大。

剧上升,2009年已经成为可以与该镇财政教育支出匹敌的、最主要的财政支出组成部分。此外,同期江口镇的财政支出中还有2%—9%用于医疗卫生支出,有2%—5%用于农林水务支出(见图3—14)。

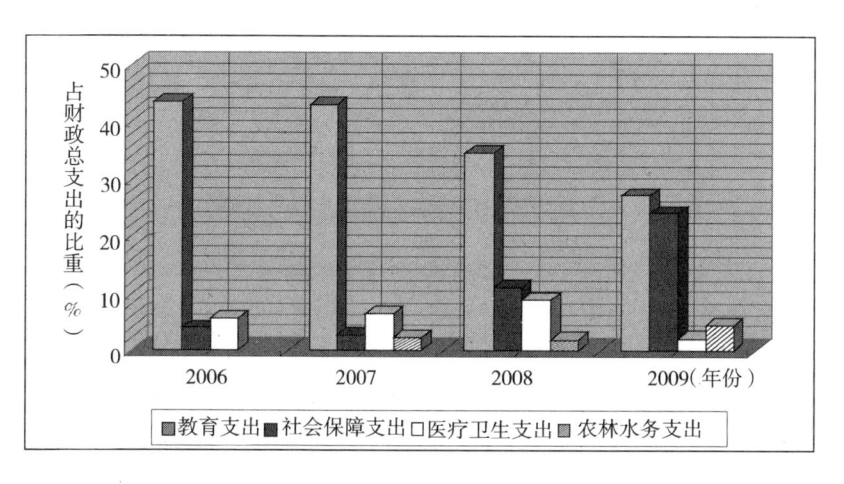

图3—14 2006—2009年江口镇部分财政支出项目占财政总支出的比重

注:图中2006年没有反映农林水务支出的占比情况。这是因为,2007年我国进行了财政支出分类改革,造成了该项目前后统计口径不一致,故本报告将2007年之前该指标舍去。

数据来源:笔者调查资料、《涵江区财政志》和《涵江年鉴(2005—2008,2010)》。

从各项财政支出增长变化上看,2006—2009年,江口镇的教育支出增长率始终保持在24%—33%之间。而相比之下,同期医疗卫生支出和社会保障支出增长率的变化幅度则较大,前者在2008年增长率达到109.8%,而此后的2009年增长率则为-61.14%;后者的增长率在2007年为-4.13%,在2008年则猛增为522.9%,而后回落至247%。

第七节 居民收入

由上文知,2006—2009年,江口镇农民年人均纯收入水平呈

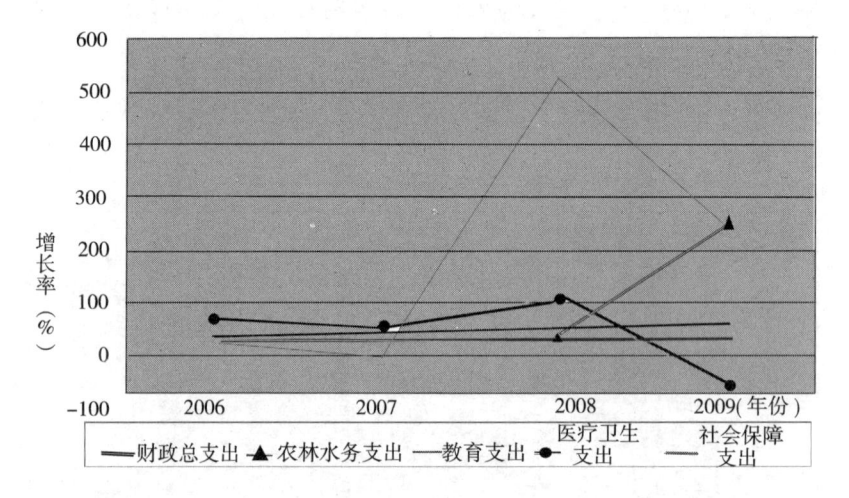

图 3—15 2006—2009 年江口镇财政支出及子项目的增长变化情况

数据来源：调查资料、《涵江区财政志》和《涵江年鉴（2005—2008，2010）》。

现平稳增长，即增长率处在 5%—8% 之间，实际收入水平由 2006 年的 5850 元增加到 2009 年的 7318 元。相比之下，城镇人均可支配收入的实际水平和增长率均高于农村人均纯收入。2006—2009 年，江口镇城镇人均可支配收入水平分别为 12324 元、14406 元、16554 元和 18215 元[①]，同比上年分别增长 11.07%、16.89%、14.1% 和 10.03%。

从上述两指标的增长率变动来看（见图 3—16），2006—2009 年，江口镇农民人均纯收入增长速度持续加快，而城镇居民人均可支配收入的增长速度则呈现先加快后减速的态势。由此可推断，2008 年金融危机对城镇的影响要大于农村，或者此次金融危机对城镇的扩散影响要快于农村。

---

① 因为江口镇政府所在地位于涵江区城沿，目前几乎与涵江城区连成一体，在官方的统计资料中并未统计江口城镇居民人均可支配收入这一指标，但本书认为有必要对其城镇居民收入水平进行考察。权衡各种因素，在此，笔者选用涵江区城镇居民人均可支配收入数据代替江口镇的相应指标。

```
                    2006
                 20
              15
           10
2009     5                    2007
         0


                 2008（年份）

    ■ 城镇居民可支配收入    ■ 农民人均纯收入
```

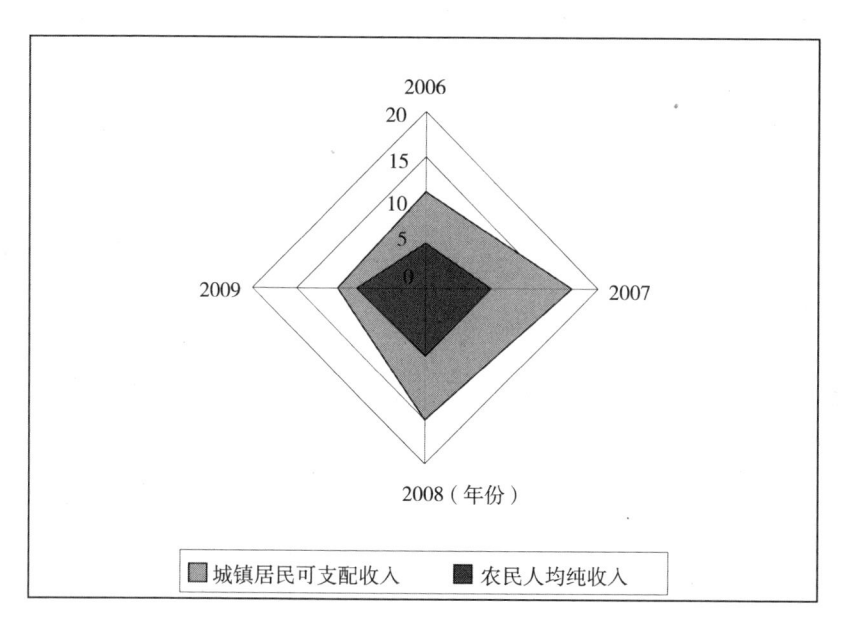

图 3—16　2006—2009 年江口镇人均收入变化蛛网图

数据来源：笔者根据统计资料计算整理得到。

表 3—1　　　　涵江区部分乡镇农民人均纯收入情况　　　　单位：元

年份 镇（乡）	2006	2007	2008	2009
江口镇	5850	6259	6786	7318
三江口镇	4059	4428.8	4780	5292.8
白塘镇	3600	5050	5816	6642
梧塘镇	4565	4884	5269	5710
秋芦镇	4030	4527	4853	5271
白沙镇	3692	4023	4426	4180
庄边镇	3488	3802	4208	4438
新县镇	3445	3755	—	4435
大洋乡	3440	3750	4050	4400

资料来源：《涵江年鉴（2005—2008）》、《涵江年鉴（2010）》。

第八节 进入"十二五"时期江口镇经济的运行状况、面临问题及相关建议

一 进入"十二五"时期江口镇经济运行状况及面临问题

2011年上半年,江口全镇完成农林牧渔业总产值2.50亿元,完成全年任务4.9亿元的50.2%,比增0.21%;工业产值132.66亿元,完成全年任务264.8亿元的50.1%,比增31.03%;其中111家规模以上企业产值123.95亿元,完成全年任务247.4亿元的50.1%,比增329.24%;限上批发零售销售额8336万元,完成全年任务1亿元的83.36%;限上住宿餐饮营业额451万元,完成全年任务900万元的50.11%;全社会固定资产投资12.23亿元,完成全年任务26亿元的47.02%;合同利用外资3502万美元,完成全年任务11000万美元的31.84%;实际利用外资6191万美元,完成全年任务11000万美元的56.28%;财政总收入15102万元,完成全年任务25245万元的59.82%,比增38.68%。

可见,进入"十二五"时期,江口镇经济运行总体保持良好态势,但仍存在如下问题。

(1) 固投、规模以上工业产值面临"高位运行"和"高幅增长"的双重压力。2011年净增规模以上工业产值57亿元,每家企业年均增加5000万元,企业挖潜空间不大,大幅增长已没有潜力。全镇2010年产值上亿元企业已有38家,其中:新威22亿元、德信24亿元、鼎盛18亿元、嘉美10亿元、新飞天16亿元、三源10亿元、樱花9亿元,已没有再增长的空间,可是近三年新增35家规模企业无法支撑增长压力。

(2) 小城镇规划布局调整问题。按照小城镇建设规划,江口镇的产业结构、经济结构都将做巨大调整。未来2—3年是发展模式转变和经济结构调整的关键期,目前第二产业较集中的旧镇区即将进入拆迁改造,规划区内工业企业面临退二进三,短期内工业经

济发展将暂时受挫。仅小城镇旧镇区改造和石庭圆圈片区2个改造项目，涉及退二进三工业企业有27家，其中规模以上企业20家，按2010年企业上报数据看，将流失规模企业产值基数23.41亿元。

（3）个别企业面临关、停压力。德基（9亿元）、嘉美（2亿元）、精致（2亿元）3家大企业现已停产，将流失规模企业产值基数13亿元。

（4）项目建设进度偏慢。一是目前部分企业计划的建设项目正在进行前期审批工作，部分刚投入开工，一时无法投入大投资额。二是部分大型项目前期工作存在一些问题，项目进度推进困难，无法产生高投资额。主要是：荔涵大道部分路段要作降坡处理，一定程度上影响纺织工业城、顺欣工贸、沐星实业等项目进度。锦江休闲山庄建设项目佳通集团团队正在进驻开展前期工作且用地范围内涉及土地利用规划和生态公益林须调整，目前正在协调有关部门；江口片区污水处理厂及配套管网工程（一期）项目选址需要变更；石庭片区改造工程涉及企业、民房正在评估。顺欣、工贸等项目因地下光缆迁移事宜影响项目建设进度。

（5）企业增资扩产积极性不高。年末以来面临着通货膨胀、工资高涨、汇率升高、用工紧缺等恶劣市场环境，企业经营压力陡增，大部分企业有收缩经营的意愿，企业增资扩产积极性不高，难以形成固投及工业产值大幅增长。

（6）高新技术产业面临发展瓶颈。2012年8月19日国务院同意莆田高新区升级为国家级高新区，将原来莆田高新技术产业园区更名为莆田高新技术产业开发区，这给江口镇高新技术产业进一步发展带来了机遇，但其发展仍然需要克服诸多约束瓶颈。首先，高新企业少，总体规模偏小。没有充分体现出高新产业"高技术、高投入、高收益"的"强"的特征，整体处于低端的加工组装层次，附加值较低，配套能力也较弱，盈利水平低。全开发区至今没有一个省级免检产品，更没有一个国家级名牌、驰名商标和免检产品。企业扩张不是靠实现品牌战略抢占市场，而是以量的扩增为主，靠低价竞争来实现。大部分企业属于低水平重复建设，产品性能品质趋同，品种不齐全，产品多样化差。一些龙头企业的上游缺乏与之相配套的原材料、关键元器件生产供应企业，下游缺少营销网络健全的大型电子交易市场、会展中心，产业链互补性不强。其次，人才培养力度不足，科研开发力度较弱。人才是发展高新技术产业的关键，对于开发区现状来说，科技人才匮乏是发展高新技术产业的最大的障碍。开发区所在的莆田市仅有莆田学院和湄洲湾职业技术学校两所高校，2011年，两个学校共招生4526人，在校学生数仅为16756人，两个学校都没有国家重点实验室或者国家技术研究中心，只有6个省级实验室，研发机构少。对于开发区大多数高新技术企业来说，关键的核心技术和部件基本上依赖进口，产品的高附加值部分基本属于外资或者合资方。最后，开放不够、机制不活、社会融资渠道狭窄。企业的融资渠道主要有以下几种：股权融资（通过筹集资本或在资本市场上发行股票）、利润再投资（从销售收入中提取一定的比例）、银行贷款、商业信用、政府资助等。企业要发展除应扩大利润再投资外，还应更多地借助于外部资本。以目前形势看，企业资金90%以上都是企业自主筹集的资金为主，政府投入不足10%。银行信贷资金在企业资金来源中如此之高的占比，充分说明了包括高新技术企业在内的中小企业融资渠道十分单一，也给企业带来了沉重的债务压力。究其深层原因，主要还是开放不够、机制不活，造成了多层次资本市场建设滞后，民间融资、上市融资、发债融资等渠道不畅。

二 相关政策建议

（一）加快转变发展方式，推进产业优化升级

1. 大力培育先进制造业

以工业转型升级为目标，不断壮大电子信息和机械制造等装备制造产业。注重科技创新，推进高新企业认定、技术（研发）中心建设、产学研合作和专利申报。注重品牌创建，推动现有一批企

业争创国家级品牌，实现从产品销往世界到品牌走向世界。同时，引导部分企业适时引进战略投资者，以资本运作带动产业的转型升级。

2. 着力提升第三产业，加快发展现代服务业

以小城镇试点新一轮开发建设为契机，积极发展房地产业，做大娱乐餐饮业，大力发展信息中介、网上贸易、第三方电子商务等服务业，开发生态旅游业，吸引综合性商场、大型购物中心等知名商业企业入驻，全面提升服务业发展的速度、档次和水平。大力发展文化创意产业，积极配合上级部门推进海西文化创意产业园项目的相关工作。

（二）强化要素保障，加大招商引资力度

1. 强化要素保障

用好各类融资平台，加强政银企合作，统筹解决项目资金问题。加大土地开发整理和"三旧"改造力度，用好小城镇政策，精心规划建设被拆迁群众安置房，设立用地报批专门工作组，统筹解决项目用地问题。建立健全项目建设激励机制，完善经费使用与成果挂钩制度等。

2. 加大招商引资力度

充分发挥侨乡优势，积极挖掘新生代华侨资源，切实做好新华侨华人、华侨新生代、重点社团、重点人士工作，推动民资、侨资回归，提高招商引资实效。加强项目策划和包装推介，把引资的着力点放于城市综合体、总部经济和第三产业上，立足于招大商、引好商，提高产业升级项目在重点项目中的比重，使得新引项目在投资额、投资领域上均有新的突破。

（三）营造良好环境，促进高新产业发展

1. 创造良好的高新技术产业发展宏微观条件

一是注重制定高新技术产业发展规划和政策建设，促进高新技术产业持续发展。二是改变主要依靠提供财税优惠吸引人才、技术和资金的现状，转向主要依靠提供良好的管理和服务吸引资源要

素。三是充分发挥市场作用，从主要依靠政府行为推进高新技术产业发展转向主要依靠市场机制。四是加强研发基础公共设施建设，充分发挥园区基地载体的综合服务功能。五是通过加强支持政策的宣传、引导社会舆论导向、培育创新文化，营造全市支持高新技术产业发展的良好氛围和舆论环境。

2. 增加高企数量，培育具有自主知识产权的高新技术企业

开发区要依照政策鼓励、支持企业申报高新技术企业。以奖代补形式促进高新技术企业壮大，改变开发区高新技术企业偏少的现状。要鼓励企业坚持引进先进技术和消化、吸收、创新相结合，将高新技术产业的发展建立在自主研究开发的基础上，大力提高高新技术企业的研发能力，使企业掌握更多具有自主知识产权的核心技术，逐步从"学习者"转变为"创新者"。通过自主创新，促进企业向高新技术产业链的中、高端发展，提高企业的经济效益。政府要牵线搭桥，协调企业与高等院校、科研机构的关系，走市场化的产、学、研结合道路，加快科技成果转化，大力加强知识产权保护。

3. 建立高新技术产业发展的考核机制

当前，莆田市各县区已开始逐步重视培育和壮大当地的高新技术企业群，积极引导和促进高新技术产业的健康快速发展，加快产业结构调整步伐。从宏观管理的角度出发，政府应当建立促进高新技术产业发展的考核机制，将高新技术产品产值、高新技术产品产值占比、高新技术产业增加值占比、高新技术产品出口额等统计指标，列入县区经济发展目标的考核体系，以促进全市高新技术产业的快速发展。

4. 建立多元化投融资体系，多渠道组织高新技术产业发展资金

完善以政府资金为引导、企业自投为主体、银行资金作支持、社会融资共同参与的多层次、多渠道、全方位的科技投融资新机制。加大各类重大科技项目的申报和推进力度，管好用好各项高新技术产业发展专项资金，提高有限财政资金的投入产出比。

第四章

"十一五"时期江口镇人口与社会事业情况

第一节 人口及其结构

江口镇共辖有26个行政村和1个社区。在"十一五"的开初之年（2006年），该镇共有户籍人口为6.93万人，到"十一五"收官之年（2010年），该镇户籍人口变为7.08万人，净增1498人，年均人口总数为7.01万。以下，对"十一五"时期江口镇的人口变动与结构情况进行分析。

从人口增长率来看，2006—2010年，江口镇人口增长率大体分布在6.2‰以内，整体低于涵江区总体的人口增长率（见图4—1）。江口镇的人口增长波动不大，2007年人口增长率最低，为3.5‰，后在2008年和2009年，该值回升至2006年水平以上，分别为6.18‰和6.16‰，而后在2010年略微下降。相比之下，涵江区总体的人口增长率则波动较大，整体呈现"W"形。

从性别结构上来看，2006—2010年，江口镇户籍人口的男女比例分别为1∶1.0595、1∶1.0597、1∶1.062、1∶1.061和1∶1.056。男性人口在总人口中所占比例小于女性，且该比例呈现先减后增的态势（见图4—2）。

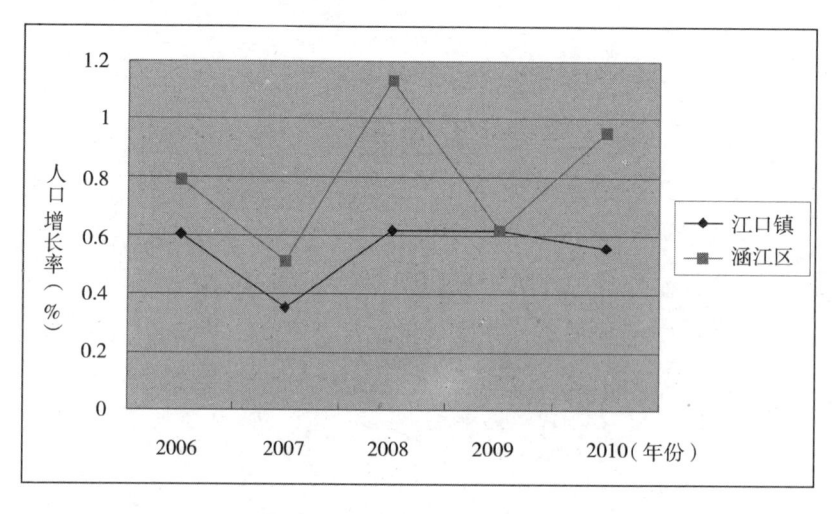

图4—1　江口镇人口增长情况

资料来源：根据调查资料整理获得。

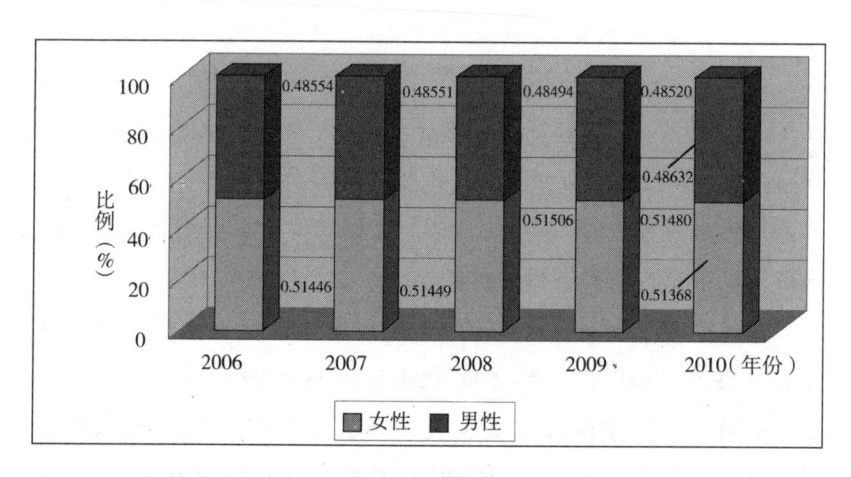

图4—2　2006—2010年江口镇户籍人口的性别比例情况

资料来源：笔者根据调查数据整理得到。

从城乡结构来看，2006—2009年，江口镇非农业人口数与农业人口数的比例分别为1∶4.4219、1∶4.4813、1∶4.5422、1∶4.5759和1∶4.627。非农业人口数在镇总人口中的比重逐渐下降（见图4—3）。导致非农业人口数相对于农业人口相对下降的原

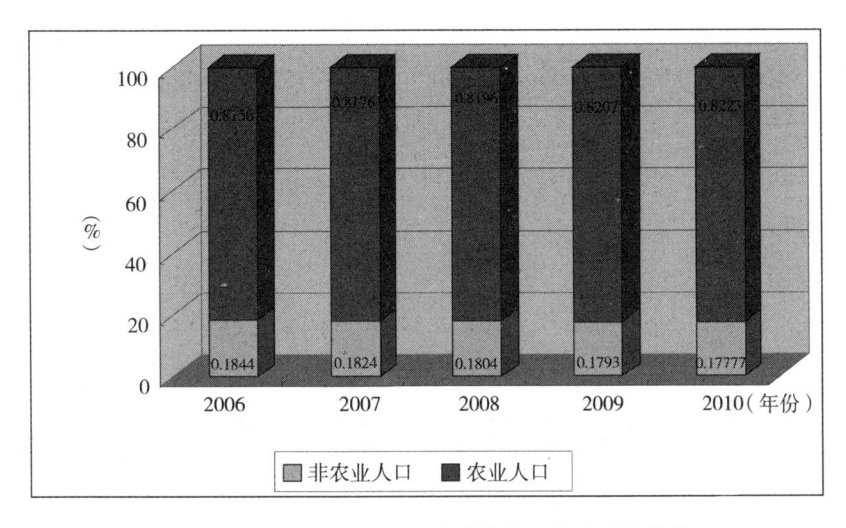

图 4—3　2006—2010 年江口镇户籍人口的城乡结构情况

资料来源：笔者根据调查数据整理得到。

因可能是：由于计划生育政策的差异，农业人口的自然增长率高于非农业人口；或者江口镇已经出现了一定程度的"反城镇化"。

第二节　教育

目前，江口镇内教育资源丰富，拥有省一级达标校 1 所（莆田华侨中学），三级达标校 1 所（锦江中学），省部级重点职业中专 1 所（莆田华侨职业中专学校），初中校 1 所（蒲坂华侨初级中学），中心小学 2 所（江口中心小学和石庭中心小学），19 所村小学，1 个小学教学点，幼儿园 22 所。

2010 年，江口镇拥有各类学校（不含幼儿园和职业中学）教职工数 1500 多人，约占涵江全区学校教职工总数的 1/3。其中，专任教师超过 1400 多人，占全镇教职工总数的 93% 以上。同年，该镇各学校（不含幼儿园和职业中学）在校生 8800 多人，占涵江全区在校生总数的比重超过 17%。其中，小学在校生近 5000 人，中学在校生超过3800人①。

从图4—4可以看到，普通中学在校生人数和小学在校生人数均整体呈现下降态势。经计算发现，江口镇普通中学在校生人数与小学在校生人数之比例呈现先缩小后拉大的趋势，即由2006年的1∶1.18减小至2007年的1∶1.3，后该比例出现转折并持续拉大，至2010年达1∶1.25。

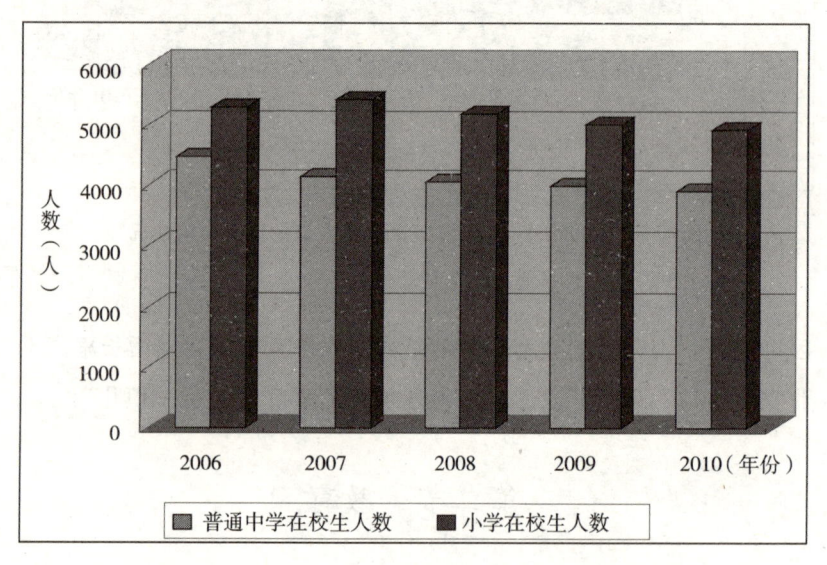

图4—4 "十一五"时期江口镇在校学生人数对照

资料来源：笔者根据调查资料整理得到。

从图4—5可以看到，"十一五"时期，江口镇中小学的师生比例得到一定程度的优化。江口镇中小学师生比由2006年1∶6.7增大到2010年的1∶5.8。这与前文提到的江口镇在这一时期财政教育支出持续增加密切相关。

以下是"十一五"时期江口镇完成有关教育的主要事项。

2006年，莆田侨中一级达标完成投资3200万元，建设学生、教师公寓、电教楼、图书馆、体育馆。

---

① 本书中使用的江口镇中小学校在校生数和教职工数系根据学校网站公布相关数据、部分调查数据及涵江区相关数据测算获得。

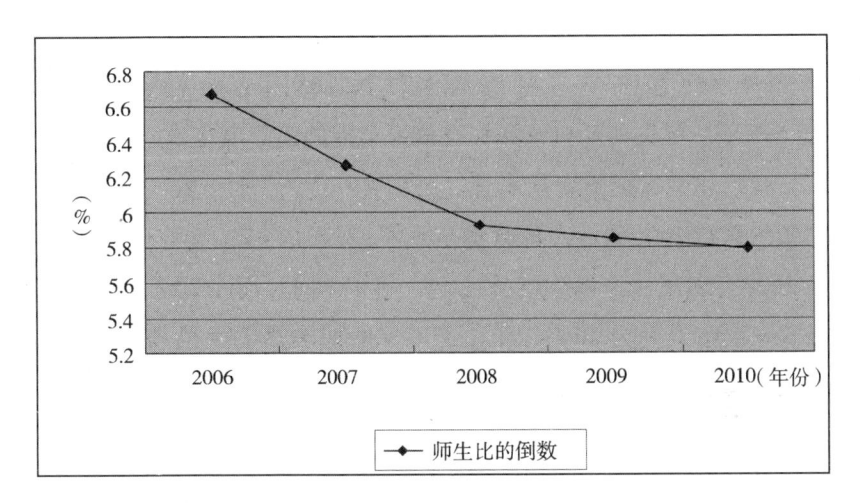

图 4—5 "十一五"时期江口镇中小学师生人数对比情况

资料来源：根据调查数据整理得到。

2007年，锦江中学投资600万元，建设科学楼、操场200米跑道，锦江中学、莆田侨职实训楼和石庭小学新教学楼建成并投入使用。

2008年，莆田侨职被国家教育部授予"国家级重点职业技术学校"荣誉称号，是莆田市首批国家级重点职校之一，并被授予"莆田市2007—2008年度中等职业教育先进集体"荣誉称号。

2009年，完成锦江中学广华楼改建和华侨中学的学生食堂建设；加快教育布局调整，推进教育均衡发展，海星小学获得市绿色学校殊荣，江口中心小学师生中有26人次获得省级嘉奖。

2010年，莆田华侨职业中专学校扩建工程，121亩的用地获得省国土资源厅批准，实训2JHJ楼、师生食堂建设项目相继开工；江口中心小学迁建工程已开工建设。

第三节 医疗卫生

目前，江口镇拥有2个县级医院（莆田平民医院和莆田华侨医院），1所卫生院（江口卫生院）和27个村卫生服务站。2010

年，江口镇拥有医疗卫生技术人员377名，占涵江全区的27.68%；拥有医疗卫生机构床位数363个，占涵江全区的35.59%[①]。可见，江口镇亦拥有较为丰富的医疗卫生设施和资源。

从上述两指标的变化来看（见图4—6），"十一五"时期，江口镇的医疗卫生技术人员数量呈现不断增加态势，2006—2008年及2009年其增长率基本维持在3%—5%之间，而在2009年该指标增长率突然上升为20%。相比之下，同期医疗卫生机构床位数的增长率的变动幅度则较大，特别在2009年出现了下降。

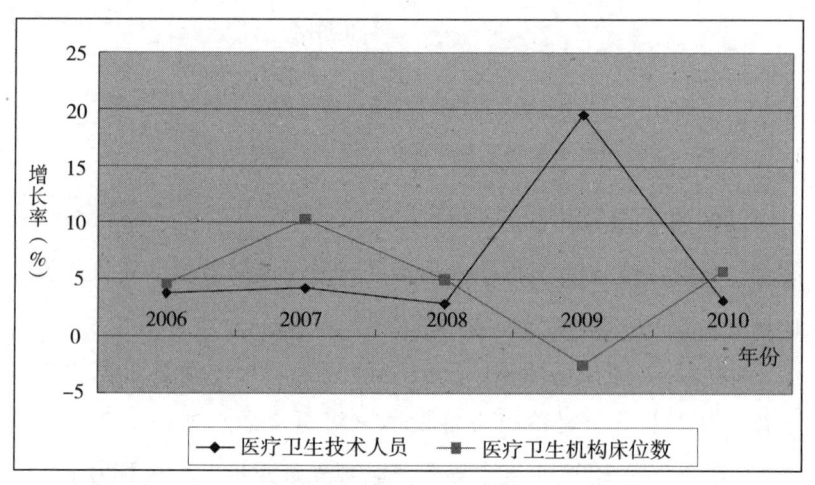

图4—6 "十一五"时期江口镇医疗卫生资源的变化情况

资料来源：笔者根据调查资料计算整理得到。

"十一五"时期，江口镇医疗卫生事业健康稳定发展。以下是该镇在该时期完成有关医疗卫生的主要事项。

第一，平民医院投资200多万元完成综合病房大楼地质勘探、可研修编、总评设计、立项等前期工作。

第二，通过组织开展"爱国宣传月"和夏秋季爱国卫生运动，有效整治了城镇的卫生环境和农村"五乱"。

---

① 江口镇卫生技术人员数和病床数为镇内主要医院（华侨医院、平民医院、江口卫生院）及部分下属村卫生服务站拥有数的加总。

第三,针对镇内各类有证医疗机构开展监督检查,对医疗机构超诊疗范围执业、机构转包转租、变更执业地点等违规违法进行清理整顿,规范了医疗市场。

第四,进一步普及了新型农村合作医疗,2010年全镇农民参合率达98.43%以上,城镇居民基本医疗保险试点工作扎实推进,全年参保人数达1093人,受益面不断扩大。

第五,城镇低保、农村低保、五保户实现了应保尽保,低保总数达447户,共868人,月保额达8万元;累计投入资金16万元,用于救助、慰问困难群众。

第四节　文化体育

随着江口镇经济社会的发展,群众对文化体育生活的需求逐年提高。目前,江口镇有较为完善的文化和体育设施:文化活动中心占地10亩,内建有影剧院、卡拉OK厅、图书馆、阅览室等,是全镇人民文化、娱乐活动主要场所;体育休闲中心占地58亩,建有广场、篮球场、游泳池、休息凉亭,配有健身器材等,为全镇群众提供了良好的休闲体育场所;海星游憩园占地2.1公顷,园内有凉亭、喷水池、花园、舞池等,公园周边栽有水叶松、四季菊1500多棵,为附近群众休闲提供了一个好去处;老年活动中心,位于东岳观风景区内,占地2.5亩,内有小公园、门球场、老年人健身室、书画室、图书室、棋牌室等,是全镇离退休干部生活疗养的场所。

此外,江口镇27个村(社区),均建有广播室、图书室、露天舞台等,村均图书藏量超过2万册。其中6个村还建有室内影剧院,经常举行电影、莆仙戏等演出,年均活动在50天以上。江口镇有13个村级休闲公园,文化设施齐全,可供当地村民和附近工厂员工享受到城市公园一样的休闲的乐趣。

江口镇历来重视文化教育,这也为社区文化和乡村文化发展奠定了良好基础。江口镇27个村（社区），每个村（社区）至少有一支车鼓队，人数将近1000人，全镇共有专业十音八乐队共16个，人数将近250人。此外，江口镇还拥有多个莆仙戏班和人数颇众的灯谜协会成员。

为了让当地群众享受到和城市居民一样的体育活动，江口镇充分发挥"侨"的优势，多方筹集资金，每年定拨专款20万元以上用于完善各种体育活动基础设施，并为组织开展各项全民健身活动提供资金支持。目前，该镇共有400米跑道标准体育场1个，300米跑道体育场2个，篮球场44处，其中灯光球场3处，水泥地面球场12处，另有游泳池等活动场所。各场所全部免费对群众开放，满足当地群众的体育锻炼需要。

在历史文化方面，江口镇目前还拥有2个区级文物保护单位——石狮村凤来宫（明代文物）和园下村的关氏祠堂（明代文物）。此外，囊山寺也是江口镇最重要的文物保护单位之一。

"十一五"时期，江口镇组织和参加的文体活动和项目主要如下。

2006年，协助涵江区举办车鼓催春大联奏暨民间民俗文化艺术节活动（以后每年一届）；组织开展百部影片进校园活动，进行爱国主义教育；参与组建涵江灯谜代表队赴石狮参加"人口与计生"灯谜邀请赛，获团体冠军。

2007年，参加涵江区文体局主办的"知荣辱、树新风"广场文艺会演、第13届全国春联日活动；协助区文体局在江口镇举行"情满海西——新农村百镇行"公益文艺巡演活动；成功举办"鼎盛杯"男子篮球邀请赛。

2008年，协助组织涵江区"庆元宵迎奥运"中国象棋比赛、"移动杯"乒乓球比赛等文体活动，营造了全民健身迎奥运的浓厚氛围；组织"江口镇各界庆祝改革开放30周年"文艺会演；参与组织涵江区"迎奥运、庆五一"书画笔会、协助举办纪念第三个全国文化遗产日宣传活动；协助涵江区进行第三次全国文物普查工作；组织多个节目参加福建省第十届音乐舞蹈节莆田分赛区比赛。

2009年，参与组织并参加了庆祝新中国成立60周年暨社区文化艺术节文艺活动、海峡两岸妈祖巡安信俗活动；组织参加涵江区"三八"合唱和全民登山比赛；实施农村数字电影放映工程，结合开展红色经典影片展播、公民小戏加演活动，让农民群众在家门口就可以享受到文化大餐；实施"农民体育健身工程"，五星、丰山、厚峰、蒲江等4个村相继完成了农民健身设施建设；"江口吴氏卤面手工技艺"入选第二批市级非物质文化遗产名录项目；"涵江车鼓"被列入福建省第三批省级非物质文化遗产名录项目。

第五节 社会保障

由上章内容知，在"十一五"时期，江口镇财政社会保障支出迅速增加，并成为江口镇主要财政支出之一。一方面，坚持"保基本、广覆盖"，扩大社会保障受益面，将政府救助与社会帮扶相结合，进一步落实助困、助学、助残、助医、助业等救助政策。充分做好民政优抚工作，不断完善最低生活保障和大病医疗救助制度，加大对特困人群尤其是对精神残疾病人的帮扶。巩固新型农村合作医疗成果，积极组织农民参加健康体检，深入开展慈善、残联等有关帮困活动，不断提升社会救助工作水平。另一方面，推进就业再就业工作。扎实推进职业技能培训工程，多渠道开发就业岗位，加大农村劳动力转移就业力度，实现社会充分就业。强化劳动争议调处，加大劳动保障管理力度，努力构建和谐劳动关系。切实维护职工合法权益，引导企业用事业、用感情、用待遇留人，着力破解企业新的"用工荒"，使五湖四海的人安心在江口安居、创业、置业，不断提升中心城区人口集聚能力。

第一，城镇社会保障参与人数、覆盖面及收入水平均有大幅度提高。2005年，江口镇企业养老保险的参与人数仅为4470人，征收的养老保险基金收入仅为638万元；截至2010年，江口镇企业基本养老保险参加人数达 9400 多人，实现养老保险基金收入近 1500 万元，两项指标均比"十五"时期末翻了一番。此外，2010 年江口镇城镇医疗保险参保人数和保险基金收入也均比 2005 年翻了一番。

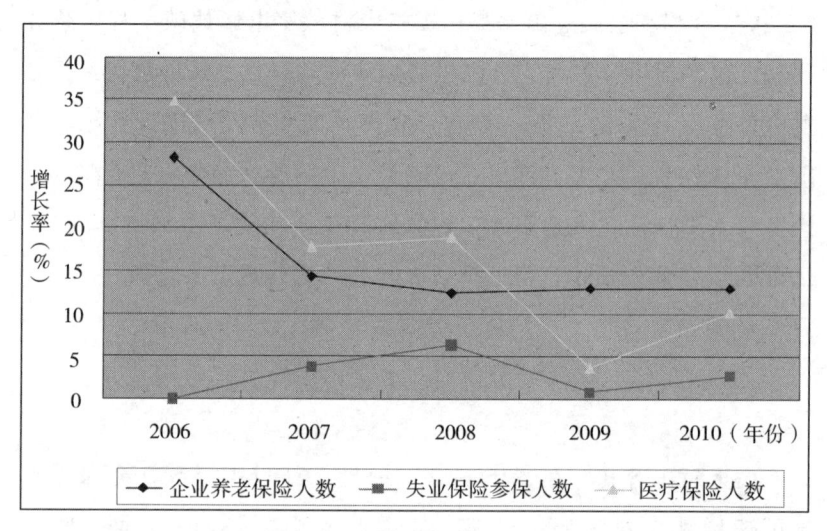

图 4—7　"十一五"时期江口城镇主要社会保障项目参保人数的变化

资料来源：笔者根据调查资料整理得到。

无独有偶，江口镇的农村社会保障事业也取得了巨大突破。在 2005 年，江口全镇不到 60 人参加农村养老保险，覆盖面不到全镇农村人口总数的 1.5‰，合计征收基金收入也仅为 6 万余元。2008 年，江口镇实施农村养老保险新方案，极大调动了农村人口参保的积极性。2009 年该镇的参保人数和基金收入分别达 334 人和 85 万元，分别较上年增加 220.88% 和 247.9%。截至 2010 年年底，江口镇农村居民参加养老保险人数为 472 人，实现基金收入 128 万元。此外，"十一五"时期，江口镇全面开展农村新型医疗保险，到 2010 年，全镇农民参合率已达 98.43%。

第二，"十一五"时期，江口镇社会保障的力度也有大幅度提高。2007 年江口镇共享受企业养老保险待遇的有 683 人，共发放养老金 448 万元，人均年养老金水平为 6559 元；到 2009 年，人均年养老金水平上升为 10981 元，比 2007 年增加了 67.4%。2006

年,江口镇人(次)均发放失业保险金为374.2元;到2009年,该指标上升为610元,比2006年增长了63%。2009年,江口镇城镇低保、农村低保、五保户实现了应保尽保,当年低保总数达447户,共868人,月保金额达8万元。此外,江口镇一直注重提高基本养老金的发放率。从2007年开始,江口镇基本养老金的足额发放率和社会化发放率一直维持在100%水平。

第六节 环境保护

一 生态环境保护

江口镇森林资源丰富。目前,该镇拥有杉、松、竹等林地面积5万余亩,森林覆盖率达42.5%。林地6.8万亩,其中公益林5.1万亩,速生林6000亩,主要分布在农山片、观霞片、东后片。建成区绿化覆盖率18.7%,人均占有公共绿地5.8平方米。公园绿地11处,公园面积45.82公顷,人均公园绿地为5.8平方米。近年来,江口镇通过环保专项行动、环保宣传、环保"110"等方式,使生态环境得到了有效保护和改善。

近两年,江口镇生态环境保护的主要举措有:

2009年,江口镇各村新建的一系列公园,不仅成为市民、村民日常休闲的主要去处,还为改善城镇的生态环境起到了十分积极的推动作用。同年,江口镇还强力推行了对萩芦溪域环境的综合整治,拆除畜禽养殖场6家,面积17166平方米,使沿溪流域畜禽养殖污染得到全面控制。

2010年,江口镇着手规划"一带",即规划建立萩芦溪生态景观带和囊山休闲旅游公园所形成的一条山水生态旅游景观带。

二 环境卫生治理

"十一五"时期,江口镇加强了采取环境治理的投入力度。从2006年起,江口镇每年投入270万元用于环境卫生整治工作,由专业保洁公司对江口镇的环境卫生进行保洁；保洁公司出资60万元购置了两辆垃圾压缩车和一辆50多万元的"扫地王"马路清扫车；投资300多万元的建立了江口垃圾压缩站；建成两座无害化处理公厕。随着硬件投入和制度完善，江口镇环境卫生有了明显改善。

第七节 社会安全

"十一五"时期，江口镇通过增派人员、完善设施、加大投资等措施，有效确保了全镇社会安全稳定。

（1）江口镇作为莆田市首家农村警务战略改革试点镇，组建了44名镇专职治安巡逻队，全镇按照人口5‰以上的比例配备21支260多名队员组成的护村队，设立10个农村警务室、10个流动治安岗和2个治安岗亭。

（2）投入资金150多万元，安装"全球眼"探头133个，在江口行政派出所、边防所建立了2个"全球眼"视频监控平台，使江口镇社会治安呈现出良好稳定态势，也使群众对社会治安的满意度进一步上升。

（3）持续开展以消防安全、"三合一"场所整顿为重点的安全生产大检查活动，安全生产态势基本平稳。

（4）有效化解各类社会矛盾，大力化解镇儿童乐园周边群众住宅办证、海上乐园、菁兴猪场环保纠纷等历史遗留问题。

（5）深入开展"春季严打"、"打黑除恶"等专项行动，严厉打击"黄、赌、毒"、"两抢一盗"等违法犯罪行为，有效消除了危害社会安全和稳定的一系列因素。

专栏4—1　　　创新边防警务　服务侨乡治安

（福建省）莆田涵江区江口镇常住人口2万多人，台港澳侨胞近6万人；面积约20平方公里，下辖6个建制村（社区）；海岸线长约9公里，却有3个港口。只有一个边防派出所，警力捉襟见肘，怎么管？

江口镇是莆田市著名侨乡，也是外向型企业的集聚区。针对辖区物流量、车流量和民工人数突出，治安形势复杂等实际状况，江口边防派出所在治安管理方面积极创新，加强流动和联防管理，实施便民举措。

近年来，该所在治安敏感复杂地段设立两个警务室，由该所党支部委员分片包干，6个行政村（社区）建立以复退军人为主体的护村队，居民组建联防小组，并充分利用企业的保安力量参与防控，建立治安防控网络；针对辖区内外来人员日益增多的情况，实行"以房管人"的租赁房屋管理模式，实现了对辖区内近2万名农民工的精确管理；投入20余万元购置警务巡逻车，抽调18名官兵日夜巡逻，"流动治安岗"构建防控体系；该所还兴建了便民车库，添置了运动器材，设立警民休闲娱乐小广场。

据了解，今年年初以来该所仅网上警务就破获各类案件225起，抓获在逃人员24名，各类案件下降了近1/3。近日，该所委托地方调查队民意测评辖区治安防控工作，发放1200份调查表，满意率达96%。

赤港华侨农场有上千名归国侨胞，江口边防派出所定期派人逐户征求意见，与江口派出所开展协作警务，联合接受侨胞的治安求助和户籍需求。今年年初以来农场保持零发案，获得许多归侨的赞扬。不断改善的社会治安环境，也引起台港澳侨资企业的投资设厂热情，近期就有6家台资企业来当地考察办厂或增资扩产。

（资料来源：孙卫锋、吴庆皇：《福建侨报》2013年1月14日。）

第八节　土地资源整治

2010年来，江口镇充分利用省政府赋予的农村土地整治和城乡建设用地增减挂钩优惠政策①，先期在东大、院里、石狮（见

---

① 农村土地整治和城乡建设用地增减挂钩是对农村低效利用的建设用地进行整治并新增耕地，实现城市用地增加与农村建设用地减少相挂钩，建设用地总量保持平衡。

图4—8）三个村开展土地整治试点工作，探索盘活农村土地资产、节约集约用地的新途径。

图4—8　江口石狮村

一　土地资源整治的进程

江口镇东大村土地整治项目涉及东大村东源和大岭两个自然村，项目规模413.9亩，全部为村庄用地，项目涉及农户369户，人数1612人，需本地安置的农户280户，人数1180人；院里、石狮村土地整治项目总规模118.8亩，涉及农户277户，人数1304

人，需本地安置的农户56户，人数280人。

2010年，该镇完成新增耕地200亩，并已全面转入安置区建设和土地复垦阶段。至2011年上半年，已成功出让指标285亩，交易金额达4399.95万元；已拆除房屋建筑面积5万平方米，全年可再完成新增200亩耕地的任务。其中，东大村项目区规模413.9亩，涉及户数280户，计划新增耕地289亩，目前已有203户签订拆旧协议，已拆除105户，拆除房屋建筑面积近3.5万平方米；院里石狮村项目区规模127.1亩，涉及户数277户，计划新增耕地87.5亩，目前已有103户签订拆旧协议，已拆除103户，拆除房屋建筑面积近2万平方米。

二 土地资源整治中存在的困难

一是拆迁补偿标准过低。江口镇是福建省重点侨乡，民间资金雄厚，民房较新较好，按照目前的补偿标准，涉及拆迁民房补偿每平方米平均在400元左右，拆迁户拆后建新每平方米要倒贴200—300元左右，部分群众既想通过土地整治改善居住条件，又反映拆迁标准过低，在一定程度上影响了部分群众参与土地整治的积极性。

二是部分困难户因经济原因建新房的压力大。在土地整治过程中，涉及部分经济困难群众，虽然参与的积极性较高，但因自身经济条件限制，拆后建新的压力较大，造成困难群众面临两难抉择。

三是整治后净增的部分土地零散难以连成片。东大村的土地整治，整体推进较为顺利，2010年土地整治后净增的土地面积总量超过80亩，但因涉及极少数钉子户及部分困难户群众房子夹杂其中，造成整治出的部分土地零散难以连成片，为此仍须加大工作力度，做深做细群众的思想工作加以强力推进。

专栏4—2　涵江区江口镇：东大村土地整治优化农村环境

6月25日，笔者在涵江区江口镇东大村大岭自然村的土地整治安置点施工现场看到，18幢安置房已经建到3层，工人们正忙着安装模板。东大村作为江口镇农村土地整治的示范村，共整治土地413.9亩，对散居在洋面田中央和山边的农户实行整体搬迁安置，分别在大岭、东源两地建新村，集中安置村民280户。项目建成后，东大村将新增耕地289亩，并基本实现耕地连片的生态农业环境和村民住宅集中的新村貌。

东大村土地整治项目是江口镇小城镇改革发展战役的先行启动项目，涉及农户369户，人数1612人，需本地安置的农户280户，人数1180人。为了促进项目顺利实施，该镇精心筹划组织项目的方案编制、材料报批、政策宣传、组织实施等各个环节，认真听取群众的意见和建议，从而打消了群众对拆旧建新的疑虑，有效地推进了土地整治工作进度。村里的空心房多为祖屋，刚开始不少村民对拆除祖屋思想上难以接受，镇、村干部就请村里有一定威望的老人一同去宣传相关政策、讲明道理，让群众明白土地整治是一项惠民工程，是为子孙后代着想的好事情。耐心细致的宣传，转变了群众的思想观念，8座祖屋拆除了，大家把祖宗牌位集中到公共祠堂里供奉，仅这一项，就整理出了40多亩的土地。

"等到新房全部建成，村民们全部住进去，能整出近300亩的耕地用来发展生产呢。"东大村村主任姚道章对土地整治给农村带来的变化，充满了自信。

（资料来源：《湄洲日报》2012年6月29日。）

第九节 党建工作

截至2010年年底，江口镇党组织有5个党委、3个总支、139个党支部，其中农村党支部36个，机关党支部14个，非公党支部89个；全镇共有党员2502人，其中农村党员1776人，机关党员385人，非公党员341人；流动党员274人，其中国内55人，国外

219 人。

"十一五"时期，江口镇党委始终把党建放在各项工作的首位，通过建设制度、组织党员学习、发展党员等方式，不断完善党组织。

一 制度建设

2007 年，江口镇党委建立健全了党委议事、党委民主决策等 13 项制度，党委每季度定期召开专题会议研究基层组织建设工作。2008 年，推进了党建示范点建设，把推进党建示范点建设作为基层党建工作的重点，树立了以官庄、石东、石狮、东楼、五星等 10 个基层党组织典型，发挥典型带头作用。2009 年，江口镇全力推行村务公开制度，以官庄村村务公开栏规范建设为标本，镇里拨出 5 万多元，对 10 个村分别给予 5000 元的补助，各村都已建立规范、整洁、美观、大方的村务公开栏，全镇 27 个村（社区）事务全面推行网上公开制度；江口镇在全市率先完成村委会和村党组织换届选举工作，全镇 27 个村共选举村党组织和村委会成员 175 人，交叉兼职 57 人，村两委成员的文化程度、年龄结构得到优化。2010 年，在官庄村开展"五要工程"，在建立联户代表会议制度的基础上，扩大到建立全村的户代表大会制度，真正做到村里的事务群众要知道、要参与、要做主、要监督、要满意。

二 党员学习和教育

2006 年，江口镇积极开展第三批先进性教育活动，共组织了全镇 38 个党支部，1670 名党员参加；2007 年，镇党委中心组通过举行讲座、座谈交流、专题讨论等形式开展党员学习工作，全年各党支部共组织各类形式的学习 26 次；2008 年，27 个村（社区）均建成党员远程网络教育系统，并组织党员远程学习。

三 党员发展

2007年，江口镇党员和致富能人结对200多对，发展致富带党员10多人；2010年发展新党员81名，女性26名，占32.1%，35岁以下50名，占61.7%，高中以上文化45名，占55.6%。进行非公党建工作，根据"非公企业发展到哪，党的建设就延伸到哪"的方针，落实规模以上企业全组建目标，至2010年年底全镇已建立89家非公党支部，并培育出新威、德基、三源等非公支部先进典型。

第十节 侨民与侨情

江口镇是著名侨乡。自宋代始，境内已有生民因经商或谋生远渡重洋。目前，江口镇分居在外侨胞和港澳台同胞19万人，分布于东南亚和欧美等50多个国家和地区，拥有黄廷方、林德祥、李文正等一批著名华侨领袖（见表4—1），旅居海外侨胞人口是全镇人口的2.6倍，是江口镇经济发展的一个坚强后盾。

侨乡优势成为江口招商引资、项目带动和产业发展最有力的"引擎"。江口镇2200多家企业中，侨商投资企业高达80%以上，这些侨商中很多都是江口籍侨胞。此外，基础设施建设也有很多都是侨胞集资建成的。

目前，侨乡面临一个问题，即第一代海外侨胞逐渐老化，第二、第三代新生力量与家乡联系渐少，受家乡人文、环境的影响也少，回乡创业热情及侨资回归有下降的趋势，侨乡优势不断退化。

专栏4—3　　　　　　江口镇著名华侨领袖

1. 黄廷方（1929—2010）

又名黄廷芳，原籍福建莆田江口镇石西村，新加坡及香港企业家，新加坡远东机构、香港信和集团创办人及大股东。

表4—1　　　　　　　　江口镇部分华侨商人领袖

姓名	祖籍	公司	行业	在2008年莆田富豪中的排名
黄廷方家族	江口镇石西村	新加坡远东机构、香港信和集团	房地产、酒店、投资	1
林德祥家族	江口镇海星村	新加坡佳通集团	工业轮胎、金融、投资、交通运输、房地产	4
李文正家族	江口镇新店村	印尼力宝集团	金融、保险、房地产	5
林平基	江口镇五星村	香港德信科技集团	公司电子产品、房地产	16
黄琼静家族	江口镇石庭村	香港新威国际控股	电子产品	17
黄志贤家族	江口镇石东村	香港港峰集团	建筑、房地产	21

资料来源：《2008年莆田富豪排行榜30强》，福建省情资料库（http://www.fjsq.gov.cn/showtext.asp?ToBook=3214&index=1571）。

黄廷方6岁时与家人移居新加坡，黄父早年经营粮油杂货店生意。20世纪40年代黄廷方经营酱油创业，50年代开始在新加坡投资地产业，旗下远东机构在新加坡主要商业区乌节路拥有多座物业，因此他也有"乌节地王"的称号。远东机构亦持有上市公司乌节广场酒店61%股权，及新加坡浮尔顿酒店权益。旗下私人物业有Golden Landmark酒店、b-ert Court酒店等。他亦在新加坡食品生产商杨协成家族发生分裂风波时，逐步收购杨协成股权，成为大股东。

20世纪70年代初，黄廷方到香港发展。1972年他创办信和集团，同年7月在香港上市，主力投资香港地产业。80年代初期于尖沙咀东部发展多座商业大厦，并将其部分出售。1981年3月，信和地产部分分拆为信和置业有限公司，并在香港上市。

黄廷方一直活跃于香港土地拍卖会，并曾多次以高价投得土地，因此在香港地产界有"超级大好友"之称。但由于在1983年至1984年，香港因前途问题引起经济低潮，令信和集团大受影响，亏损超过10亿港元，需多年时间复元。在1997年亚洲金融风暴前，新加坡远东机构亦一直以高价投标地皮，但近年却较少竞投，只有在2002年8月以2亿新加坡元购入西湖园地段。他在生前已分别把其香港及新加坡主要业务，交由长子黄志祥及次子黄志达打理。

2007年起在福布斯新加坡富豪榜，黄廷方家族排行第1。2010年2月2日，黄廷方去世，享年81岁。

2. 李文正（1929— ）

李文正（Mochtar Riady），祖籍莆田江口镇，1929年生于印度尼西亚玛琅，为印度尼西亚知名企业家、力宝集团（Lippo Group）的创始人。李文正在中学时期，曾任东爪哇华侨学校学生会主席，因组织学生参加反抗荷兰殖民者的斗争，并帮助开展宣传及运送药物，被荷兰殖民地政府逮捕入狱。1947年被驱逐出境后，他返归故土，考入南京的国立中央大学哲学系。1949年他来到香港。20世纪50年代初，随着印度尼西亚政局渐趋稳定又重返印度尼西亚，定居雅加达。此后投身金融界、实业界，成为知名的华人富豪之一。

在印度尼西亚是仅次于林绍良的华裔金融巨子，被人们誉为"印度尼西亚钱王"。1983年，著名的《亚洲金融》杂志推举李文正为当年"最杰出的银行家"。他拥有5家银行、4家金融公司以及4家租赁公司。他创办的力宝集团是印度尼西亚最大的金融机构之一，该集团的资产总值达30亿美元。他自己的私人资产保守估计至少有12亿美元。

李文正曾任亚洲银行家协会主席。李文正热心于教育事业，为印度尼西亚国立大学董事长、东南大学名誉董事长及名誉教授，并捐资修建了东南大学李文正楼与李文正图书馆。

3. 林德祥（1942—）

林德祥（Sjamsul Nursalim），生于印度尼西亚，祖籍莆田县江口镇海星村，是海外华人著名企业家，现任佳通集团公司总裁。

林德祥的父亲林亚金早年远渡重洋去海外谋生，开始小本经营，主要是贩运当地盛产的胡椒，由于经营有方，业务不断拓展，逐渐成为远近闻名的"胡椒王"。林德祥自幼受到家庭氛围的熏陶，无论是经商办企业的意识，或者是对祖籍国的感情，都显示了炎黄子孙的优良传统。20世纪60年代中期，他赴美国留学，主攻工商企业管理，学成归来便显现出比其父辈更加卓越的管理才能。他首先巩固发展原有贸易业、种植业和农副产品加工业，随后逐步向世界发达国家的财团靠近，引进先进技术设备和资金，拓展现代工业、制造业，进而向金融、房地产等方面发展。在扎牢基础并形成一定的规模以后，林德祥便迅速将眼光投向世界投资环境好的国家和地区，向跨国企业集团进军。

林德祥领导的佳通集团的业务有工业制造业、金融、投资、交通运输、种养殖业和房地产业等，主要分布在东南亚、中国台湾地区、日本和美国等环太平洋地区。20世纪90年代初，林德祥先生开始在中国内陆投资，先后在北京、上海、福州设立办事处，并继续向周边省市扩展。比较大型的项目有上海的房地产、安徽佳安轮胎有限公司和莆田佳通轮胎有限公司等，兴办的项目近30家。在安徽和福建的轮胎项目建成投产后，佳通轮胎将向世界十大轮胎企业靠拢，成为世界华人中的"轮胎大王"。

据香港《资本杂志》1997年5月号报道：当年世界华人富豪榜上，在145位世界华人富豪中，林德祥先生名列第82位，林氏家庭拥有财富达10亿美元。在2011年全球闽商排行榜以68亿元（2009年统计）位列第44位。

1995年，林德祥先生为了支持家乡高等教育事业的发展，在莆田高等专科学校建校10周年之际，捐资100万人民币支持该校建设。2010年林德祥与莆田市政府签订荻芦溪生态景观带开发合作协议,预计将投资7亿美元。

[资料来源:根据联合早报网(http://www.zaobao.com/finance/pagei/people100203.shtml)、福建侨联网(http://www.rjql.org)和其他资料。暨南大学华人留学文化研究专题数据库(http://overseas-db.jnu.edu.cn/renwuziliao/2011—12—08/2927.html)和其他资料整理。]

第五章

江口镇小城镇综合改革介绍与分析

2009年1月,江口镇被中央文明委授予"全国文明镇"称号;2010年,被省委、省政府列为全省21个小城镇综合改革建设试点之一。此后,江口镇把这项改革作为镇里面的头等大事,通过一系列卓有成效的工作,推动改革不断取得新进展。

第一节 江口镇小城镇综合改革的背景及主要内容

一 改革背景

在国务院赋予海峡西岸经济区的四大战略定位和省、市区贯彻实施的《关于开展小城镇综合改革建设试点的实施意见》(以下简称《实施意见》)的改革背景下,江口镇小城镇综合改革建设试点正如火如荼地开展。

《实施意见》八项主要任务提出小城镇综合改革建设试点工作必须完成八项主要任务并从七个方面给予政策扶持。

(一)八项主要任务

一是高起点编制综合配套、科学合理、经得起历史检验的试点镇总体规划和专项规划,规范规划编制,保持其地域特色、文化特色和民俗特色，凸显建筑景观风格，探索形成各具特色的小城镇建设发展模式。二是根据每个试点镇的功能定位和发展规模，适度超前建设完善基础设施。完善试点小城镇交通路网与周边高速公路、干线公路、铁路和港口的连接，完善供水、电力电信、信息化、垃圾处理、防灾减灾等市政公用配套设施建设。三是建立各具特色的产业支撑。围绕建设闽东南高优农业、闽西北绿色农业和沿海蓝色农业产业带，大力发展特色优势农业；积极发展资源消耗低、带动系数大、综合效益好的战略性新兴产业；吸引更多民营产业项目向试点镇聚集，鼓励农民进镇务工经商办企业。四是促进社会事业发展，加大政府投入，加快教育、卫生、科技、公共文化、公共体育服务体系建设步伐，积极引导社会资金发展文化体育产业，提高试点镇的品位、层次和承载力。五是强化公共服务管理。探索推进小城镇综合执法管理、试行规划与建设项目公开征询意见制度，向试点镇延伸城市劳动就业制度和失业登记制度，建立健全新型社会救助体系，力争在转变政府职能上有新突破。六是打造舒适的宜居环境。建设低碳示范区，加强环境综合整治和生态环境保护，加强历史文化名镇保护，保护好古村落、古宅、特色民居和红色故居等文化遗产，重点做好文物修复、传统风貌街区整治等工程，提升试点镇文化品位。七是带动新农村建设。推进农民向中心镇、中心村集中居住，加强试点镇周边乡村的基础设施和公共服务设施建设，转移农村人口，科学规划村庄布局，促进农业适度规模经营，促进农民增收和农村经济社会协调发展。八是创新开发机制。探索组建政府主导的建设投资开发公司，鼓励引进有实力的房地产开发企业进行成片综合开发，通过 BOT、BT、项目融资、经营权转让等方式吸引社会资金参与公共基础设施和公共服务领域的建设和经营，引导试点镇居民集中统一建设住宅，引导企业向工业园区集中。

(二) 七个方面的扶持政策

一是管理服务方面的扶持政策。对符合国家产业政策和省产业发展导向、符合城镇总体规划和产业布局的项目实行特事特办，对试点镇发展项目提供绿色审批通道。二是财税方面的扶持政策。实行"一级政府一级财政"，2010—2015年对试点镇新增地方级收入实行全留；在试点镇建设的公共基础设施项目、符合条件的环境保护和节能节水项目享受税收优惠；对新入驻的大型商贸企业、金融保险企业的部分税费给予全额拨补或半额拨补。三是土地方面的扶持政策。对试点镇建设用地予以优先保障，在规模限制上适当放宽；实施农村土地整治和城乡建设用地增减挂钩；除宅基地之外，允许依法转让、出租和抵押合法取得的集体建设用地使用权；逐步建立城乡统一的建设用地市场。四是基础设施投资方面的扶持政策。对试点镇基础设施和公共设施建设加大投入，符合条件的要列为各级政府重点建设项目；试点镇建设用地的出让金全额用于试点镇的发展，优先支持基础设施建设；试点镇征收的城市维护建设税、基础设施配套费、污水垃圾处理费等税费，全部用于试点镇基础设施建设、维护和管理。五是房地产方面的扶持政策。推进城市房产开发政策向试点镇延伸，保障房地产开发用地供应，支持商品住房消费，建设保障性安居工程；减免试点镇房地产开发建设相关规费，降低房地产开发成本，对山区试点镇可降低项目资本金比例；完善住房按揭和抵押贷款的各项配套政策，开展农民和农民工住房贷款业务，方便农民转移就业。六是户籍和就业方面的扶持政策。居住在试点镇建成区内、有稳定职业或生活来源的人员，可申报城镇居民户口；选择在试点镇就业的农民，按本人意愿，其集体土地的承包经营权可以继续保留，也可有偿退还或转让；将试点镇纳入福建省统筹城乡就业试点范围，建立试点镇公共就业服务体系。七是金融方面的扶持政策。鼓励银行业金融机构在试点镇延伸分支机构，发展新型农村金融组织；引导金融机构做好与惠农、惠民政策相关的配套金融服务工作，做好就业、消费特别是住房消费等信贷支持工作，支持工业区和商业地产建设项目。

二　江口镇的发展定位

江口镇立足镇情，按照"融入海西、领先全市"的要求，具体确定了如下三个方面的发展定位。

发展定位一：兴化湾畔现代化滨海新城。

要求充分发挥侨乡优势，引进侨资、凝聚侨力，完善基础设施，改造旧镇区，保护特色民居；坚持保护性与建设性相结合，高品位开发囊山旅游风景区和萩芦溪沿岸生态资源，努力打造独具特色的侨乡胜地；积极推进南岸涵江港开发，科学规划围海造地，大力发展现代服务业，努力打造成服务兴化湾开发的现代化滨海新城。

发展定位二：海西先进制造业新兴基地。

要求依托莆田高新技术产业园，加快建设莆田台商投资区，发挥国家级 LCD 产业基地和省级重点电子信息特色产业园区的比较优势，做大做强电子信息、机械制造等产业，打好"福建海西（涵江）国际油画艺术产业园区"品牌，积极发展文化创意产业，促进升格为国家级高新技术产业区，着力打造成海西先进制造业新兴基地。

发展定位三：闽东南沿海重要商贸物流中心。

要求立足莆田北大门、向西拓展第一站的优势，加强与福州新港的联系，开发建设涵江港。依托"两高"、"两铁"和"两互通"，发挥传统商贸优势，加快开发火车站站前商贸广场及周边商务区，打造区域性重要商贸物流中心。

三　2010—2030 年江口镇小城镇综合改革各阶段发展目标（实施步骤）

从 2010 年开始至 2030 年，江口镇小城镇综合改革拟分六个阶段进行，第一阶段和第二阶段被界定为近期；第三阶段和第四阶段被界定为中期;第五阶段被界定为远期;第六阶段被界定为远景期。

(一) 近期发展目标

第一阶段(2010年全年):江口镇将2010年定为"小城镇规划编制年及部分成熟项目的启动年"。上半年完成城镇总体规划的编制、论证和审批;至第三季度要完成控制性详细规划及修建性详细规划,小城市规划设计以及产业发展规划,基础设施、环境保护、社会事业发展等专项规划的编制;至年底全面完成规划的论证和审批。同时,要先行启动萩芦溪生态景观带、火车站站前商贸中心、囊山片区和港口开发前期工作以及江口防洪工程、污水处理厂、"三横一纵"路网建设等部分成熟项目。

第二阶段(2011—2012年):江口镇将这两年定为"初见成效年",按总体规划和控制性详细规划的要求,推进中心城区建设和功能布局,同时重点进行财政、户籍管理、社会保障体系及政府行政体制等方面的改革。目前,先行启动项目基本建成。

(二) 中期发展目标

第三阶段(2013—2015年):江口镇将这三年定为"基本建成年",基本完成中心小城镇的规模建设,全面落实其他各项辅助规划,布局合理、特色明显、生态优美的小城镇发展格局和配套保障政策基本形成。从具体指标看,至2015年将实现:镇域人口达14万人,镇区人口12万人;建成区面积达13.9平方公里;GDP按年均18%增长,达211亿元,占全区经济总量的42%;规模企业产值按年均22%增长,达610亿元;财政总收入按年均20%增长,达6.3亿元;三产比例结构调整为6∶64∶30。此外,城镇化率提高到80%;垃圾无害化处理率达80%以上;污水集中处理率达80%以上;绿化覆盖率达35%以上。

第四阶段(2016—2020年):江口镇将这五年定为"全面提升年",对江口镇小城镇改革试点工作进行总结、鉴定,对实施过程中不尽完善的地方进行及时整改,保证小城镇建设改革顺利完成,同时,商贸物流发达、基础设施完善,辐射能力较强,宜居、宜业、宜商、宜游的"兴化湾畔生态宜居滨海新城"全面建成。从具体指标看，至 2020 年将实现：镇域人口达 22 万人，镇区人口 21 万人；建成区面积达 24.35 平方公里；GDP 按 20% 增长，达 525 亿元，占全区经济总量的 50%；规模企业产值 1650 亿元；财政总收入 16 亿元；三产比例结构调整为 4∶61∶35。

（三）远期发展目标

第五阶段（2021—2030 年）：至规划期末，江口镇将不仅成为莆田市东部门户、临港工业重镇，而且将成为富有吸引力的生态宜居城市组团，有望打造成为"兴化丽江"的魅力之城。远期总用地 20.45 平方公里，城镇人口规模 18 万人。

（四）远景期发展目标

第六阶段（2031 年以后）：江口镇将打破行政区划限制，与福清新厝、江阴以及该区的三江口等地区，形成环兴化湾沿岸城镇群，将成为环兴化湾沿岸地区的商业服务业中心和最适宜人居的城市组团。远景期用地控制在 35 平方公里左右，远景形成城乡一体化，全镇人口规模约 30 万人。

四 江口镇 2010—2030 年总体规划布局[①]

（一）镇域空间统筹规划

1. 城镇空间发展策略

城镇空间发展策略："中优、南拓、北扩、西接、东限"。

"中优"：中部"九里洋"平原未来发展用地来源重点在"盘活存量"。通过"退二进三"和"城中村"改造以及旧城区的再开发来获取城镇的发展空间。

"南拓"：沈海高速公路以南有大片的盐碱地为未来产业发展和建设滨海新城的良好拓展空间。

---

① 根据莆田市城乡规划局网站材料《莆田市江口镇总体规划（2010—2030 年）公示》整理，http://www.ptghj.gov.cn/。

"北扩":一是沿荔涵大道两侧是莆田高新园区近中期重要的扩展地带。二是沿萩芦溪两岸阶地分期向北扩展,逐步开发建设高档住宅和休闲娱乐设施。

"西接":在用地功能、交通设施(特别是城市主次干道等方面)应与主城涵江中心区有效对接,形成良性互动的发展空间布局。

"东限":以萩芦溪为界,在规划期内(除宁漳铁路走廊以北沿溪阶地外),萩芦溪东部地区为限制开发地区。东部地区作为远景发展的拓展区和生态农业发展区。

2. 江口镇城乡统筹空间结构

江口镇城乡统筹空间结构将形成"一带、两心、两轴、六区"的空间布局结构。

"一带":萩芦溪生态休闲带;"两心":传统综合服务中心和站前综合服务中心;"两轴":锦江大道和江口大道为该区的主要发展轴和景观建设轴;"六区":分别为中部主城区、城北产业区、滨海新城区、东部拓展区、东部生态农业发展区、东北部生态涵养保护区。

3. 城镇空间发展指引

在规划期限内(至2030年年末),江口城镇建设空间包括中部主城区、城北产业区、滨海新城区及宁漳铁路走廊以北的萩芦溪沿岸部分阶地及丘陵地带。

(1)中部主城区。作为未来人居建设的主要发展区,至期末,形成功能齐备、设施完善、生活便利、环境优美的支撑周边产业园区发展的城市综合服务区。同时,充分利用萩芦溪优良的水质,从南安陂引水冲污,逐步恢复"九里洋"亲水、自然的水网生态,并通过科学的城市设计引导,把该区打造成富有魅力的"兴化丽江"。

(2)城北产业区。通过规划的引导,把该区建设成为适宜高新产业发展的主要产业发展基地。同时,通过"村庄建设用地整理及城乡建设用地增减挂钩"等形式，逐步整合农山村、刘庄村、坂梁村、厚峰村等村庄建设用地，形成集约的与都市型产业相适应的新型村庄。

（3）滨海新城区。利用开阔盐碱地和适量的滩涂地，建设景观优美，富有吸引力的现代化高新产业区和滨海会议会展中心。

（4）萩芦溪沿岸阶地及丘陵地带。以生态休闲山庄为主题，在萩芦溪沿岸阶地及丘陵地带建设以中高档住宅小区为主，适当开发旅游休闲宾馆及会议中心、高档企业会所等为内容的生态型、园林式山庄。

4. 近郊乡村发展指引

近郊乡村发展指引主要是针对东部拓展区、东部生态农业发展区和东北部生态涵养保护区的建设发展指引。

（1）东部拓展区。该区是远景城镇拓展的战略储备空间。逐步整合园下、园顶、顶坡、蒲江各村的建设用地，形成集约的与萩芦溪西岸城市中心产业发展相适应的新型村庄。

（2）东部生态农业发展区。该区建设从多方面进行：加强基本农田保护与建设，兴修水利，合理流转土地，提高农业规模经济；保护农业发展赖以生存的生态环境。加强农村基础设施、公共设施配套建设；在科学规划的引导下，允许农民在自己的宅基地或院落空间内，按规划的要求自我翻修农宅，改善人居环境；形成"有机更新"的乡村发展模式。

（3）东北部生态涵养保护区。在该区建设中，重点加强东方红水库饮用水源地保护；进一步完善林权改革制度，有效保护与建设生态林地；合理开发建设囊山风景区，严格控制生态涵养保护区范围内的零星建设。

（二）对外交通组织

1. 铁路

福厦城际铁路、宁漳货运线、宁漳客运线三线并走一个走廊，走廊宽度根据总规要求预留100米。在该镇境内的涵江站，作为城际铁路和宁漳客运专线的客运站。

2. 高速公路

规划区内有沈海与兴尤两大高速公路，本次规划重点落实兴尤高速的走向及落地互通口的选址问题。

3. 快速路与县道

（1）荔涵大道。根据上位规划红线宽52米，是该区与涵江主城、城厢主城快速联系的通道。

（2）木兰大道。根据上位规划红线宽度60米，是未来324国道的新走向，也是该区东接新厝、江阴，西接木兰溪南岸新城（荔城、黄石）的快速通道。

（3）江厝路。规划红线宽52米，是该区及兴尤高速与江阴港对接的重要通道。

（4）县道。该区内县道为大江X211线，规划红线宽度为18米。

以上交通通道两侧绿带控制如下：高速公路两侧防护绿带宽度不小于50米，快速路两侧防护绿带宽度不小于30米，县道两侧防护绿带宽度不小于10米。

4. 轨道交通及主要站场

沿滨海大道南侧预留30米宽的绿带走廊作为轻轨走廊，走廊至莆田华侨职中附近跨滨海大道沿站前路至站前中心，规划在站前中心预留长不小于200米、宽80米的涵江轻轨站用地（未来可结合商业设施综合开发），并在莆田华侨职中的东面，铁路以南地带预留不小于20公顷的轻轨保养场用地。未来在涵江火车站站前广场周边将形成包括轻轨站、江口中长途汽车站、江口公交始末站、轻轨保修场在内的三站一场的布局，站场之间形成无缝接驳。

（三）镇区道路系统规划

1. 道路网络

（1）主干道。该道是该镇区内的主要交通线。根据江口镇布局特点形成"五纵五横"的网络结构。规划的纵向主干道间距较大，约 1000 米左右，干道红线宽度在 40—60 米，形成标准机动车道 6—8 车道。干道密度约 1.45 公里/平方公里。

（2）次干道。该道是城镇干道网的重要辅助通道，与该区 11 条次干道，形成"五纵六横"的布局结构。

（3）乡村道路。该区乡村道路主要指东部农业生态发展区。远期形成三条乡村干道，并通过乡村支路形成有利生产、生活和防灾的乡村干道系统。干道红线宽度为 12 米，机动车道 8 米，两侧防护绿带不小于 5 米。乡村支路不小于 5 米。

（4）现有道路改造。一是福厦公路中远期向南外迁，即建设木兰大道来代替 324 国道。现有福厦公路改为东西向的城市主干道，红线宽度为 50 米。二是锦岚街北段远期作为镇区与兴尤高速落地口对接的镇区主干道，在现有 24 米的基础上加宽至 40 米，形成双向 6 个机动车道的主干道。三是现有的江滨路远期也是作为该镇对接兴尤高速出口的主要通道，同时又是沿江沿海的镇区主干道的景观大道，建议在现有的基础上拓宽改造为 40 米宽的城镇主干道。沿海沿湿地一带应在 40 米之外设计休闲景观带。四是现有的县道 X211 线改线后，现有的石狮村路段改为村庄内部道路。

2. 其他交通设施规划

（1）公共交通。至规划期末，形成轨道交通、公共巴士、的士等为主要市内公共交通工具的交通网络。在火车站前区设公交始末站和江口轻轨站，以及相应的的士停车场等。为了打造好 15 分钟镇域经济圈，在北部产业区、滨海新城区、萩芦溪休闲山庄地带以及东部生态农业产业区均应在人流相对集中地带设置一处公交转换点，占地约 500 平方米。

（2）公共停车场。该停车场布局在涵江火车站站前广场周边，共设置三个公共停车场，每个用地面积不小于 5000 平方米；在旧区传统服务中心地段也分布 3 个大型停车场，每个停车场面积不小于 2000 平方米；在镇区中部、文化中心和站前商业中心各布局一处大型停车场，面积不小于 2000 平方米；在滨海新城区会议展示中心，布局两个大型停车场，具体面积应与会议展示中心的定位相配。同时，在各中心应加强小型停车场（面积在600平方米左右）的均衡分布。

（3）城市广场及步行区。该区共设置5个城市广场，其中两个为保留广场（即现有江口镇文化中心广场和高新区管理中心广场），其余为涵江火车站站前广场、锦江广场、滨海广场。在火车站前区和传统商业服务中心建设步行街区。

（四）居住用地布局结构及人口分布

居住用地规划布局形成"五片、两小区"。

"五片"即中部城区四片（即老镇片区、镇西片区、站前片区、石庭片区）和城北萩芦溪沿岸的锦江片区。"两小区"为城北的厚峰小区和坂梁小区。

表5—1　　　　　　各居住区用地及人口情况

名称	现有基础	规划居住用地（公顷）	规划居住人口（万人）	人均用地（平方米/人）
老镇片区	江口社区	77.2	3	24—26
镇西片区	新前、李厝、海星、前面、新墩	141.6	5	26—30
站前片区	丰山、五星、东楼及部分石东	147.2	5.5	26—30
石庭片区	石东、石西、西刘	120.9	4.3	26—30
锦江片区	石狮、院里	112.8	2.3	50—60
坂梁小区	刘庄、坂梁、农山	22	0.5	40—50
厚峰小区	丰美、厚峰	20	0.4	40—50

（五）城镇中心和商业服务业布局

城镇中心：在与福清新厝交界的江口社区地段和萩芦溪出海口两岸，形成两镇互动的商业服务业中心；至远期争取成为环兴化湾地区重要的商业服务业中心，服务人口至少在40万人以上（即江口 25 万人，新厝 15 万人)。

江口镇商业服务业布局形成"一主、一副、两辅、两轴"的布局结构。

"一主"：江口商业服务业主中心，主要以金融、商贸娱乐、特色服务为主要内容。

"一副"：站前综合服务中心。

"两辅"：滨海新城中心、石庭服务中心。

"两轴"：南北商业服务业发展轴和东西商业服务业发展轴。

（六）公共服务设施布局

1. 教育设施

（1）华侨职中：向东北丘地扩大，远期占地约 20 公顷。

（2）完全中学：区共有四所完全中学，华侨中学向东北适当扩大，锦江中学原地完善，新增石庭中学、石狮中学两所完全中学，面积均约为 4 公顷。

（3）初级中学：在现有蒲坂中学的基础上，再新增两所中学，即站前中学、前面中学。建议蒲坂中学原地扩建，每所初级中学用地面积为 3 公顷。

（4）小学：规划保留两所中心小学，即江口中心小学（正在新址建设）和石庭中心小学。村庄小学整合形成 15 所社区型标准小学，每所小学用地面积约为 1.5 公顷。

（5）在东部生态农业发展区，远期在上后村北部的后郑自然村一带，新设一所完全小学，作为服务周边乡村的中心小学，其余各村小学远期不保留。

2. 医疗设施

（1）莆田平民医院：向北扩大至未来的滨海大道边，远期用地面积将达 6 公顷左右，作为兴化湾区域的重要的医疗中心。

（2）华侨医院：适当原地扩大，远期面积可达 3.5 公顷左右，作为片区级中心医院。

（3）社区级卫生服务中心：至规划期末，在现有江口卫生院的基础上新增四个社区级卫生服务中心,分别在石庭、站前、镇西、锦江四个片区内设置。

(5) 27个村级卫生所:随着城镇建设的发展可逐步提升完善。

3. 文体设施

(1) 在镇区中部在规划的中心公园东面,形成该区文化活动中心,总用地约10公顷。

(2) 结合东岳观的保护,扩大东岳观现有的范围,形成占地约2.5公顷左右的文化公园,扩大原老年人活动中心的规模。

(3) 在新前村两侧的开阔地带,中远期建设一个分区级体育中心,占地约23公顷。内设三场一馆(即田径场、游泳场、灯光球场和一座综合体育馆)。

(4) 在东部生态农业发展区,远期在上后村北部的后郑自然村一带形成服务周边乡村的东部经济区文化中心,此中心应与后郑华侨民居群保护有机结合。

4. 行政办公

此规划保留政府用地和正在建设的高新园区管理中心(荔涵大道西侧),同时建议在滨海大道和锦江大道(现有福厦路)边侧预留两块占地约2—3公顷的该区行政机构的办公用地,作为未来旧区改造过程中现有办公机构搬迁集中的行政区。建议在滨海新城区预留大型会展用地和市级管理机构用地,总预留用地约25公顷左右。

5. 民政福利设施

此规划在镇区体育中心北侧山坡地带规划一所养老院,占地约5.5公顷左右。

(七)园林绿地系统规划

至规划期末,涵江全区范围内形成生态分区明确,总体生态环境优良,各分区指标均超过国家生态园林城市提出的相关技术指标,城镇绿地率达到35%以上,全区森林覆盖率达到55%以上;城郊生态绿廊体系形成,建立功能完备的山丘、平原湿地、城市绿地等为一体的绿色屏障。

涵江区绿地系统形成"一屏、两带、一网、八公园"为主体的绿地系统布局。

"一屏"：以囊山、旗华山为该镇的生态绿地屏障，是该镇生态保护的主体。

"两带"：一是萩芦溪两岸绿带及湿地，萩芦溪两岸建设中应强化两岸湿地保护，任何开发建设的边界应后退现有自然水岸边界50米以上，两岸形成以自然生态景观为主体的公共休闲空间，宜谨慎利用与开发。二是在主城区中部，结合水网的保护和多条高压走廊的保护与建设，形成宽约250米左右的生态防护带。规划打造成中部城区的生态廊道，北接囊山，南接兴化湾。

"一网"：利用萩芦溪南安陂引入工程，对中部平原的"九里洋"引入冲污，逐步恢复水网生态。并利用水网两侧建设公共绿地走廊和休闲空间，水网两侧绿带及休闲空间的宽度应控制在不小于15米。

"八公园"：一个市级公园、三个分区级公园和四个片区公园。

（1）市级公园。囊山公园，江口镇境内占地约30公顷，将与囊山寺、囊山风景区相连。

（2）三个分区公园。一是锦江公园。占地面积约16公顷，公园内包含市级保护单位紫霞堂。二是江口湿地公园，包括崇清观、福满堂、百廿间、锦江春色等市县级文物以及众多保存完好的华侨古民居，公园建设应以保护湿地为主，适当增设休闲空间，并与西侧的风貌区互动协调，总占地面积约20公顷。三是新前公园，位于新前村北面山地，内含县级文物保护单位东来寺，远期正华水厂搬迁，总用地约40公顷。

（3）四个片区公园。一是东游公园，在现有东游公园基础上扩建，包括鹤林寺在内，远期总用地面积约10公顷。二是石庭公园，位于镇区西部的石庭片区内，其中包含石亭宫，总用地面积约

9公顷。三是前面公园，规划用地面积约8公顷，未来与中部生态防护带连片。四是香山岩公园，含县级保护单位香山岩寺。总用地面积约10公顷，并与萩芦溪溪水绿带相连。

结合现状村庄及社区公园建设，至规划期末，该区公园绿地面积约238.55公顷，占城镇总建设用地的9.8%。

（八）给排水工程规划

1. 给水工程规划

远期给水工程总规模为9.4万立方米/天。莆田市域供水水源已有一个统一的调配、平衡计划，远期水源可以满足城镇发展需求，规划保留第二水厂，但保持现状3.0万立方米/天规模不再扩大，另外，所需的6.4万立方米/天水量纳入中心城市市政给水工程进行统筹考虑。

涵江区将主要由镇区第二水厂、萩芦水厂及松东水厂供给用水，从城市路网的分布、现状管网系统及用水中心的分布等角度，可于滨海大道设置给水主干管，将三座水厂对接，形成对峙供水的格局。

2. 排水工程规划

新区建设严格采用分流制，现在旧区通过改造过渡为分流制。

（1）污水工程规模。远期规划区总污水量为53665万立方米/天（平均日），加上周边各村庄污水量及管网地下水渗入量，远期进入污水处理厂的污水量达6万立方米/天。

（2）污水厂布局。远期规划区污水纳入涵江污水处理厂处理。本次规划将原莆田市城市总体规划中所选定的涵江污水处理厂厂址位置，适当向西侧调整，使其尽量位于污水处理厂服务范围的中心。

（3）污水管网规划。污水管网系统以高速公路为界总体划分为两部分，即高速公路以北部分及高速公路以南部分。高速公路以北部分，采用汇聚后进入污水提升泵站，将污水直接提升入污水处理厂内的配水池；高速公路以南部分，自成重力管网系统，进入污水处理厂内的污水提升泵站，再提升至污水处理厂内的配水池。

（4）雨水工程规划。雨水排放系统规划应与景观规划、防潮、防山洪、竖向规划密切配合、协调一致，共同发挥作用，以保证雨水顺利排放。区内雨水采取就近、分散、直接排入水体的原则，根据片区地形水系情况划分排水分区，使区内各片区雨水能就近、分散、直接排入水体，以减少转输管渠的长度。

（九）电力通信工程规划

1. 电力工程

江口区内和西侧边缘共有110千伏变电站2座。该区计算负荷2010年达120兆瓦；2020年达175兆瓦；2030年达360兆瓦；远景达540兆瓦。该区内设置500千伏莆田北变电站1座；设置220千伏变电站2座。该区110千伏变电站近期设置1座、中期设置3座、远期设置5座、远景设置7座。

市区内规划10千伏线路均采用电缆，现有架空线逐步电缆化。500千伏单双回线路走廊按75米控制，220千伏单双回线路走廊按40米控制，110千伏单双线路走廊按25米控制。变电站占地面积500千伏按420×360平方米控制，220千伏按200×150平方米控制，110千伏按75×90平方米控制。

2. 通信工程

江口镇域固定电话业务量近期达7.5万部、中期达9.0万部、远期达12.0万部，远景达13.5万部；移动电话业务量近期达6.9万部、中期达9.9万部、远期达16.5万部，远景达22.5万部。充分利用现有信息基础建设，积极推进通信网络统筹规划和联建共享；通信局、所应当本着各运营商共同使用的原则进行建设；局址设置应向大容量、少局所、多接入及同址多局方向发展。电信设置母局1个（江口母局）、端局1个（石庭端局），电信局址用地按3000—4500平方米规划。移动通信局址与涵江区共享，移动基站服务半径按500—1000米规划，所需建筑面积按 40—60 平方米控制。该区内有江口和石庭两个移动营业厅，以满足客户业务服务需求。按照移动基站服务半径 500—1000 米的原则，目前移动基站服务范围已覆盖江口镇，能满足该区的服务需求。

该区远期增设邮政支局两处，远景再增设一处，届时有五处邮政支局，以方便用户用邮的需求。在现状的广电站附近规划一处新的有线电视分中心，远期容量 7 万个，远景容量 9.5 万个。全面改造升级现有广电网，建成以传输广播电视节目为主的宽带双向交互式网络。

（十）燃气工程规划

该区所需天然气由涵东高中压调压站引入，通过中压干管输送至江口镇。管道气气源均采用 LNG；瓶装气气源均采用 LPG。远期天然气年总用气量约 1550 万标准立方米/年；远期液化石油气年总用气量约 2860 吨/年。

规划拟定该规划区配气管网系统采用中压 B 级系统。气源衔接于涵东高中压调压站，出站压力为 0.2 MPa。中压燃气干管建设近期将沿旧 324 国道敷设，远期逐步形成以主干道环状主干管为骨架，环支结合的中压管网布局。燃气干管的布置和管径按远期天然气负荷设计。

现有宏冠灌瓶站所处位置，其西面为东游公园，基本满足选址要求，规划予以保留。现有罐容不能满足远期要求，需增加 2 台 50 立方米的贮液罐，扩容后的贮液罐总容积为 170 立方米。规划设置符合要求的瓶装供应站 6 座，规模按 10 立方米确定，占地 850 平方米。

（十一）综合防灾减灾规划

1. 防洪（山洪）防潮及排涝规划

防洪标准采用五十年一遇标准；防潮标准采用五十年一遇标准；防山洪标准采用二十年一遇标准；排涝标准采用十年一遇标准。

2. 消防规划

消防站责任区划分必须满足"消防队接到报警五分钟内到达责任区最远点上"的要求，消防站的责任区面积，一般地区控制在5—7平方公里，旧城区控制在4—5平方公里。按总体规划的范围划分3个消防责任区并分别设2个消防站，各处消防站平均责任区范围平均7平方公里，符合城市消防站建设要求，消防站间应确定相应责任区范围。普通消防站用地控制为5000平方米左右。

3. 人防工程规划

江口镇为国家三类人防重点城市。人防工程建设标准分别为坑道、掘开式工程防护等级为5级，防空地下室为6B级。贯彻"长期准备，重点建设，平战结合"的人防建设方针和与经济建设协调发展，与城市建设相结合的原则。战时留城人口人均人防工程面积达到1平方米。留城人数按照规划人口的50%计算，防空专业队工程按照人口数的2‰考虑，医疗救护工程按照留城人口的3.5‰计算，物资仓库工程按照留城人员在半年时间内的供需要求考虑。建立人防防护体系，规划设立区级指挥所系统，区级指挥所形成独立防护体系。设置通信、消防、治安、防化、医疗、运输、抢修、物资等专业工程。

4. 抗震规划

江口镇抗震设防标准按地震烈度7度设防。疏散场地分为镇分区级和社区级两类，分区级以能够满足人员长时间避难的需用，具备防灾指挥中心、物资储备中心、生命线系统核心功能为要求。社区级为紧急避难场所，占地面积宜大于2000平方米，用于紧急疏散居民，具备最基本的生活保障设施，服务半径500米，人均占地面积2平方米。避震疏散通道结合城市道路交通、人防疏散通道和消防要求统一考虑，抗震疏散通道的宽度不小于15米，并通向城镇内的疏散场地、室外旷地和长途交通设施。规划城市主干路和城市高速公路为主要避震疏散通道。规划要求主要疏散通道两侧建筑倒塌后有 7—10 米的通道。

镇区一切新建、改扩建工程必须按 7 度高防标准进行建设；对镇区主要公共设施包括学校、电影院和供水、供电、通信、医疗抢救、食品供应等生命线工程抗震设施标准应提高 1 度，即按 8 度进行抗震设防。

5. 地质灾害防治规划

地质灾害防治按预防为主、避让和治理相结合的原则进行防治。为此各工程项目在建设之前应做好地质情况分析，工程建设应尽量避让不良地质，消除地质灾害安全隐患。同时，镇政府应组织编制本行政区域内的地质灾害防治规划。

（十二）环境保护规划

到 2030 年，环境污染与生态破坏得到全面控制，基本建成生态效益型经济体系，生态环境质量继续位居全国前茅，基本建成优美舒适的人居环境，生态文化发展繁荣。达到国家生态园林城市建设标准。

1. 环境水质量

江口镇规划形成三类水环境功能区。

Ⅱ类水环境功能区：东方红水库以上部分。

Ⅲ类水环境功能区：萩芦溪流域及东方红水库以下部分以及"九里洋"平原主要水网。

Ⅳ类水环境功能区：其他河段和滞洪区。

2. 环境空气质量

江口镇划分为两类环境空气质量功能区。

一类环境空气质量功能区：包括森林公园、风景名胜区、自然保护区、水源保护区等，环境空气质量执行国家环境空气质量一级标准。

二类环境空气质量功能区：除一类环境空气质量功能区以外的区域，环境空气质量执行二级标准。

不设三类环境空气质量功能区。

3. 环境噪声质量

江口镇执行《声环境质量标准》（GB 3096—2008）中各类标准。0 类标准适用于疗养区、高级别墅区等特别需要安静的区域。1 类标准适用于以居住、文教机关为主的区域，乡村居住环境可参照执行该类标准。2 类标准适用于居住、商业、工业混杂区。3 类标准适用于工业区、工业集中区。4 类标准适用于城市中的道路交通干线道路两侧区域。穿越城区的铁路主、次干线两侧区域的背景噪声限值也执行该类标准。

4. 固体废物

江口城镇生活垃圾无害化处理率近期 80%，远期规划达到 100%，工业固体废物处置利用率≥80%，且无危险废物排放。

五 近期江口镇小城镇综合改革的主要内容

（一）"五个一"的空间布局

按照江口镇小城镇综合改革总体规划的要求，江口镇要形成"一带"、"一区"、"一片"、"一园"、"一心"的空间布局（见图 5—1），这"五个一"也是"十二五"时期江口镇经济社会发展实现"东部门户、产业重镇、侨乡名镇"总体目标的主要思路。

"一带"，即山水生态旅游景观带。立足自然、人文、旅游资源和区位条件，突出特色，在打造"十里锦江，十里画廊"的山水生态美景的同时，成为江口的后花园及生态宜居滨海产业新城兴起的战略腹地。具体来看，以萩芦溪生态景观带和囊山休闲旅游公园等旅游景观为龙头，有机结合生态优势，打响江口主题旅游线路，为游客尤其是归乡华侨提供功能齐全的旅游休闲场所，增强华侨的归属感和认同感。萩芦溪生态景观带位于涵江母亲河——萩芦溪两岸，沿岸阶地及山丘地带拥有良好的山水景观资源、优越的交通商业区位。该项目以南安陂为中心向周边辐射，距兴尤高速公路互通口仅 2 公里，红线范围规划总面积约 2330

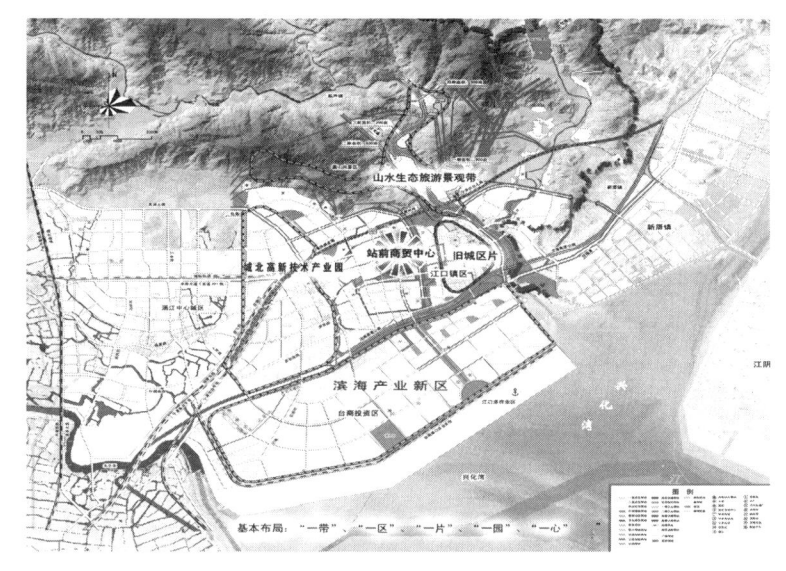

图 5—1　江口镇城市空间发展布局"五个一"

亩，拟建设含中高档住宅小区、宾馆、会议中心、高档企业会所等为主要内容的生态休闲主题公园。一期占地 900 亩；二期占地 630 亩；三期占地 200 亩；四期占地 600 亩；总用地面积约 2330 亩。囊山休闲旅游公园位于古囊山系区域，包括囊山、坂梁、厚峰等村庄，以莆田二十四景之一的古囊峋巘和囊山寺为中心，辐射周边村庄，建设集旅游、居住、娱乐于一体的高档的绿色生态园，培育发展古囊山生态观光旅游。同时，整合西来寺、东岳观旅游资源，建成江口"一日游"的旅游线路，提升江口城市品位。

"一区"，即滨海产业新区。利用宝贵的岸线资源，以及邻近江阴港和秀屿港的便利条件，抓紧设立台商投资区，启动涵江港江口港区建设，围绕临港产业规划布局，突出以低碳经济为主题，以高新技术产业为支撑，发展先进装备制造业、IT 产业、现代物流服务，主动承接台湾电子信息产业转移，以新型工业化带动临港生态宜居新城崛起。构建与江阴港互动互补、连片繁荣的临港经济战略高地。从地域范围看，分布在兴化湾南岸，规划总面积约 55 平方公里（其中，现有 12.5 平方公里，规划围垦面积约 42.5 平方公里），属于规划中的涵江港和莆田市台商投资区的一部分。

"一片"，即旧城区片。重点建设行政中心、商住楼、酒店、公用设施、大型公园，大力发展现代服务业，保护特色民居，成为功能设施完善、服务配套齐全、侨乡文化明显的现代行政文化服务中心。从地域范围来看，北至滨海大道（201 省道），南到福泉高速公路，西至华正路，东到江滨路，含江口社区、新前、海星、新墩、李厝、前面村（部分）6 个村（社区），面积 3.15 平方公里，属于江口镇旧城区。

"一园"，即城北高新技术产业园。加大招商引资力度，逐步发展为以电子信息、机械制造、数控机床、纺织制造等为主的产业园。在高新园区现有的企业规模基础上，将分布在荔涵大道江口段两侧 3.6 公里腹地，作为莆田高新园区的拓展部分，该部分北接涵江区梧塘段，南衔高新区的涵港路和迎宾路，距福厦高速公路出口仅几步之遥，交通极其便利。该产业园面积 1500 亩，目前已有贝塔电子、嘉利电子、中意科技、沐星机械等一些企业入驻该区。

"一心"，即火车站站前商贸中心。充分利用火车站和兴尤高速的落地互通、201 省道，打造现代商贸中心。从地域范围看，位于福厦铁路涵江火车站片区，北至福厦铁路，南到沈海高速公路，西至丰山邦尾路，东到华正路。

（二）若干重点项目

从近期来看（前两个阶段），计划用三年时间，总投资超过 100 亿元，其中，2010 年计划投资 23.09 亿元；2011 年计划投资 50.57 亿元；2012 年计划投资 27.36 亿元，以实现小城镇综合改革的目标。将主要实施如下具体项目：

城建项目 15 个，总投资概算 78.82 亿元，其中 2010 年计划投资 17.53 亿元，2011 年计划投资 37.28 亿元，2012 年计划投资

24.01亿元；

环境整治项目6个，总投资概算5.86亿元，其中2010年计划投资1.23亿元，2011年计划投资3.35亿元，2012年计划投资1.28亿元；

学校建设项目3个，总投资概算0.54亿元，其中2010年计划投资0.28亿元，2011年计划投资0.26亿元；

工业项目22个，总投资概算14.99亿元，其中2010年计划投资3.74亿元，2011年计划投资9.39亿元，2012年计划投资1.86亿元；

小区建设项目3个，总投资概算0.82亿元，其中2010年计划投资0.31亿元，2011年计划投资0.3亿元，2012年计划投资0.21亿元。

下面选取几大重要项目内容进行介绍。

一是站前商贸中心项目。该片区已委托省城乡规划设计研究院编制控制性详细规划，经调查摸底，站前片区预计征地面积1000亩，征地费用3120万元；拆迁占地面积21770平方米，建筑面积45700平方米，涉迁总户数128户，拆迁费用3200万元。整个片区开发成本约6320万元。拟以征迁盘活建设资金，打造高档安置区。依托便捷的交通体系，引入大型商贸龙头企业，确保到2012年站前商贸中心全面形成。

二是涵江港开发项目。该项目由福建省交通规划设计院完成港区规划设计，数模研究成果已于2009年12月通过论证，物模试验于2010年3月完成。涵江港岸线全长约19.7公里，其中深水岸线8.12公里，可规划建设28个2万—10万吨深水泊位，年吞吐量可达1.29亿吨，涵江港区规划建设前期工作需要投入资金2000万元，目前国投（福建）有限公司与江口镇共同推进围填海前期工作，同时积极推介涵江港，吸引更多央企、海外华侨财团投资涵江港开发。

三是莆田台商投资区项目。台商投资区是莆田市对接海西建设的现实成果。规划中的台商投资区东与福州南翼福清市为邻，西以向莆铁路为界，南临兴化湾涵江港与江阴港相望，北有荔涵大道贯穿，总面积60.19平方公里，其中近期开发面积17.69平方公里，远期发展规划，将拓展临港42.5平方公里，建设滨海现代化工贸新城。莆田台商投资区将规划建设新型轻工业园、电子信息产业园、现代装备制造园和临港物流园四大园区，重点发展新型轻工业、消费电子产业、新型光电产业、电子专用设备行业和轻工业设备制造业等五大产业。目前台商投资区的申报工作得到省委省政府的高度重视，并被列为继漳州、泉州后的第二批次申报序列。由赛迪公司起草的《福建省莆田台商投资区发展战略规划报告》，已于2009年12月16日由市政府组织省内专家评审通过。由省城乡规划设计研究院编制的《莆田台商投资区总体规划》，已通过省专家组评审。由福州市环境科学研究所编制的《莆田台商投资区总体发展规划环境影响评价大纲》取得了省、市环保部门认可。将全面加快土地和海域功能调整，完成环评报告书、产业发展规划、土地利用规划和城市总体规划等各项申报重点工作。

　　四是高新技术产业园项目。高新技术园区新型工业园规划总用地面积3000亩，现状可利用土地1000亩，其中已落地有嘉利电子、沐星机械等10个项目（占地面积638亩，总投资10.48亿元）；剩余可利用土地362亩。在2012年，要实现入园高新技术企业30家，切实转变产业发展方式，提升发展质量。需前期投入资金5000万元，进行"七通一平"等基础设施建设，加大以电子信息、机械制造为主的产业链招商引资力度，特别是科技含量高、环保低碳的现代工业项目。

　　五是囊山休闲旅游公园项目。该项目结合囊山公园和文化创意产业园区开发，将建成集特色低碳产业经济和旅游观光为一体的旅游风景区。前期需投入资金约2亿元，拟采用BT、BOT等方式，加大招商融资力度，吸引社会资金参与项目建设和经营。争取到

2012年文化创意产业园规模初步形成，囊山公园一期基本建成，形成旅游休闲新热点。

六是行政文化服务区项目。到2012年，城区内的电力电信线路全部下地，完善污水、雨水管道，对有碍观瞻的部分建筑物进行"穿衣戴帽"的改造，同时实施"退二进三、退城入园"计划，拟将该区片的21家规模以上企业部分迁往城北工业区，新增建设用地1000亩，用于发展第三产业。市政府及相关部门到江口镇调研小城镇综合改革建设试点工作时指出，该片区的工业企业搬迁可参照《莆田市人民政府关于推进城区工业企业搬迁的意见》（莆政综〔2007〕194号），鼓励企业搬迁。该片区的企业搬迁意愿较强，支持"退二进三、退城入园"计划。目前，企业搬迁工作正在进行，为先行启动部分项目腾出必要的建设用地。

七是相关基础设施工程项目。主要项目主要有九里洋河道江口防洪工程、污水处理厂工程、"三横一纵"路网工程等项目。九里洋河道江口防洪工程主要建设内容有河道清淤31.203公里，新建河道护岸工程58.59公里，桥梁改扩建55座、水闸改扩建10座。总投资13019万元，工程计划分两年实施，2009年5月动工。资金来源除申请补助587万元外，其余由地方配套解决。一期工程得到省、市、区的高度重视和支持，被列入区政府为民办实事项目及2010年重点地区中小河流域近期治理项目和国家水利部计划盘子。江口防洪工程的实施将极大改善江口镇及莆田市高新园区的宜居环境和河道生态环境，实现小城镇建设环境优美的目标。污水处理厂工程位于江口镇前面村，项目占地42.88亩，一期工程建设2万吨/日污水处理能力，拟投入资金约1.3亿元。现已选址并进行环境影响评价等前期工作，该污水处理厂的建设已纳入江口镇省级综合改革试点镇2012年验收项目，确保在2012年建设完成。"三横一纵"路网工程主要包括201省道江口段工程、324国道拓宽改造工程、海防路完善工程、东港路（规划中的江口大街）建设等项目。201省道江口段工程自荔涵大道至福厦铁路涵江火车站，全长2579米，涉及石东、丰山、丰美三个村，拆迁户数214户，占地面积25472平方米，建筑面积53608平方米。该项目总投资8100万元，其中征地拆迁费用4200万元；主线工程及市政配套设施建设费用3900万元。324国道拓宽改造工程自江口备战桥至三江口镇后郭村，全长6.8公里。主要是电信、电力等杆线下地、雨污管道建设、道路改铺沥青、绿化带及路灯改造。工程总造价1.8亿元。海防路完善工程自高新园区至江口40米路，全长2000米，路幅宽36米，工程总投资2100万元。东港路（规划中的江口大街）建设自福厦铁路涵江火车站至江口作业区，全长3.5公里，设计路幅宽50米，其中上跨沈海高速公路桥梁1座，工程总投资1.5亿元。

八是萩芦溪生态景观带项目（见图5—2）。如上所述，该项目拟建设生态休闲园林山庄，是由滨水休闲景观带、滨水风情休闲区、商务会议主题酒店区、情景洋房生活区、山地高尚度假区、侨乡风情小镇等"一脉、五园"的结构布局。该项目规划总面积约2330亩，目前该项目已完成片区总体规划、概念性城市设计，正在进行拆迁安置调查摸底等前期工作。项目总投资为7亿美元，佳通集团已经与市政府签订项目开发意向，正在组织团队，进驻江口镇开展前期工作。为了尽快筹集资金，先期进行地形图测量及片区控制性详细规划编制，争取基本农田的调整，用地手续报批、征地、招拍挂等前期工作。按200万元/亩的价格评估，预计可拍卖18亿元，拍卖所得作为前期启动资金，争取到2012年萩芦溪生态景观带初步形成。

（三）2011年重点项目

从按照项目进展阶段来看，包括区级在建重点项目、区级预备重点项目、前期项目。

一是区级在建重点项目。此类项目共有24个，年度计划投资21.48亿元，上半年已完成投资8.34亿元，其中：有8个项

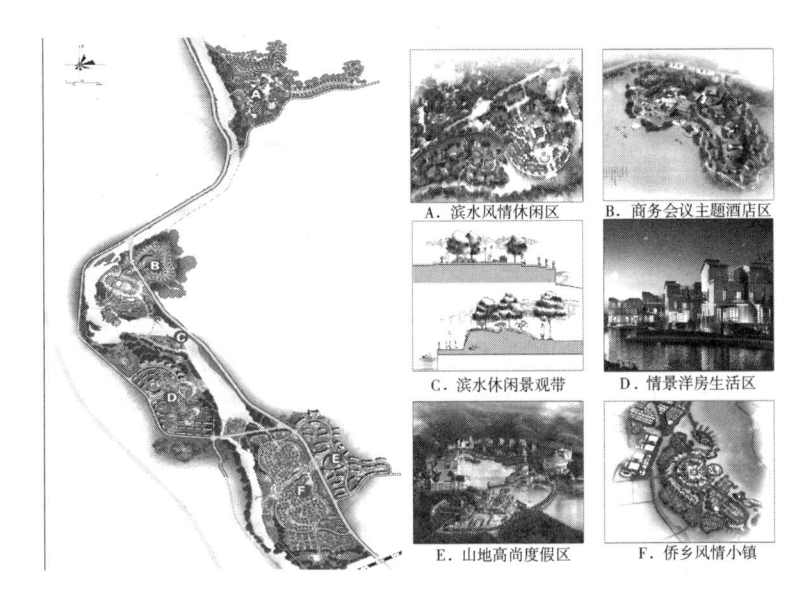

图 5—2　萩芦溪生态景观带规划

目已投入建设（新威电子、仁兴添加剂、樱花塑胶、佳通纸品、飞达鞋材、华侨职中和华侨中学等校安工程、农田水利、院里及东大土地整治等 8 个）；12 个项目完成"三通一平"，正在办理前期报建手续（沐星实业，顺欣工贸，胜洪数控，德信电子，海峡纺织工业城，凯欧服饰，嘉华发展，瑞源实业，石西鞋厂，森达数控，江口片区污水处理厂及配套管网，火车站站前商贸中心商住楼和火车站站前商贸中心拆迁安置房，江口镇石庭圆圈南侧改造，美景豪庭、华富天下、金日花园、港峰锦江家园等商住楼等小城镇建设项目等 12 个）；此外，涵江城北工业园区征地及配套基础设施建设、兴化湾南岸涵江港港区开发项目以及荔涵大道涵江段沥青铺设工程等 3 个项目正积极配合区政府相关部门做好项目前期工作；201 省道江口段签约率及交房率达 99%，完成拆除面积 4.35 万平方米。

二是区级预备重点项目。此类项目共 7 个，年度计划投资 3.43 亿元，上半年已完成投资 1.12 亿元。其中，恒大房产、平民医院综合病房大楼、201 省道江口石东安置房等 3 个项目已完成征迁工作，正在办理规划及建设审批手续；其余4个项目正配合区政府及有关部门积极搞好征迁工作（涵江港堤内1.5万亩土地开发征迁建设及配套基础设施建设项目、江口圆顶变电站建设项目、环兴化湾南岸疏港公路、海西文化创意产业园等4个）。

三是前期项目。此类项目共10个，年度计划投资1.36亿元。其中，石庭片区改造项目已完成调查摸底、宣传发动及有关企业资产评估、制订征迁安置方案；刘庄地块已完成征迁；旧厂房、旧村庄改造项目已完成资产评估，正在进行旧厂房拆除；锦江山庄项目正在办理生态公益林及土地利用规划调整；北汽、天威保变、鼎立总部、佳通总部等4个项目正在进行意向洽谈；湄洲至重庆高速公路项目正在配合区政府及有关部门积极搞好征迁工作。

从项目内容看，包括产业项目、基础设施项目、城建项目。

一是产业项目。此类项目共34个，包括福建海峡纺织科技项目、顺欣工贸生产项目、莆田德信电子增资扩建生产项目、沐星实业生产等，总投资58.76亿元，年计划投资6.61亿元，已完成投资5.62亿元，完成年度计划85.02%。

二是基础设施项目。此类项目共13个，包括201省道江口段、江口片区污水处理厂建设项目、城镇污水管网建设工程、通应路、锦华路及锦绣街改造项目等，总投资23.24亿元，年度计划投资1.3亿元，已完成投资1.26亿元，完成年度计划的96.92%。

三是城建项目。此类项目共24个，包括江口中心小学及幼儿园建设项目、莆田侨中扩建工程、莆田华侨职业中专学校校园扩建项目等，总投资78.99亿元，年度计划投资2.68亿元，已完成投资2.8亿元，完成年度计划的104.48%。

（四）小城镇改革发展战役项目进度

江口镇近期小城镇改革发展战役项目进度如表5—2所示。

表 5—2 小城镇改革发展战役项目进度（截至 2012 年 7 月） 单位：万元

		序号	项目名称	总投资	2012年计划投资	目前已完成投资	本月完成投资	本月主要建设内容
续建项目	基础设施项目	1	滨海大道（201省道）江口段	13700	7000	3900	1830	房屋拆除，累计已拆除 7.37 万平方米，部分道路路基开始施工
		2	江口片区污水管网建设工程	2500	2100	95	0	江口片区 15 公里污水管网工程竣工
		3	江口园顶变电站建设项目	160000	30000	32801	18723	厂房正在施工
		4	40 米路下穿工程	1000	950	950	0	竣工
		5	江口街道路建设		650	650	0	竣工
		6	石东村道建设		970	970	0	竣工
		7	新墩村道硬化		890	890	0	竣工
		8	丰山村道硬化		985	985	310	完成道路主体建设
		9	孝义佑圣观		2600	1978	0	完成主体工程
		10	园顶村道路建设项目		825	825	0	已竣工
		11	坂梁村（自来水）		515	515	42	完成主体管网建设
		12	平民医院		820	590	0	完成主体工程
		13	江口风力	50000		14431	5110	厂房正在施工
		14	新墩公园	915		547	0	已完工
		15	丰美村道建设	860		146	0	已完工

续表

		序号	项目名称	总投资	2012年计划投资	目前已完成投资	本月完成投资	本月主要建设内容
续建项目	产业项目	16	胜洪数控	4500	1500	0	0	已完成地面物清理、土地平整及钻探等
		17	沐星实业生产项目	22223	5000	3633	675	完成"三通一平"、围墙及厂房二层建设等
		18	顺欣工贸生产项目	40000	3000	4100	4100	厂房正在施工
		19	福建海峡亿鑫纺织工业园	200000	25000	18280	0	生活区完成封顶,一期30万锭厂房完成主体;二期15万锭完成基础,工业城供电专用线路正在施工
		20	中涵机燃油供油泵生产项目	15000	10000	1130	30	完成土地挂牌竞标,项目立项,《建设用地使用许可证》,总评正在调整中
		21	莆田百利电子生产项目	5000	3500	890	0	完成厂房3层及配套设施建设
		22	佳宜电子生产项目	1000	2000	300	0	基础设施正在施工
		23	繁荣塑胶		3200	3136	0	完成厂房主体建设
		24	康宝饲料		4100	3299	0	完成厂房主体建设

续表

		序号	项目名称	总投资	2012年计划投资	目前已完成投资	本月完成投资	本月主要建设内容
续建项目	产业项目	25	贝登乳品厂		4600	4600	512	完成厂房主体建设
		26	福利包装		2500	2500	329	完成厂房主体建设
		27	新德辉鞋业		4300	3114	0	完成厂房1层及配套设施建设
		28	丰山鞋业		3800	2923	827	完成厂房1层及配套设施建设
		29	凯欧世家		3200	3200	0	已竣工
		30	金龙纸业		3800	632	0	完成厂房配套设施建设
		31	东印机械		4200	3418	872	完成厂房2层及配套设施建设
		32	隆胜塑胶		4200	2697	0	完成厂房1层建设
		33	义成鞋材		4100	2863	0	完成厂房配套设施建设
		34	富信模胚		3800	2044	0	完成厂房配套设施建设
		35	佳美塑胶		4650	2636	825	完成厂房配套设施建设
		36	佳通纸品		3200	1403	0	安置区完成2层及配套设施建设
		37	樱花		8464	2947	626	安置区完成2层及配套设施建设

续表

		序号	项目名称	总投资	2012年计划投资	目前已完成投资	本月完成投资	本月主要建设内容
续建项目	城建项目（市政公用和房建）	38	德信电子		4735	2900	0	安置区完成2层及配套设施建设
		39	超威电子		4500	3274	1136	完成厂房配套设施建设
		40	东大、院里、石狮农村土地整治项目	15000	12831	12526	0	安置区主体基本竣工
		41	美新针织、华富纺织"退二进三"项目	20000	5000	0	0	美新花园正在招标，华富纺织评估已成前期工作
		42	海景家园商住地块	10000	6000	200	200	完成地块地上构筑物初评
		43	飞旋华侨家园项目	10800	6000	2916	388	正在施工
		44	莆田华侨职业中专学校校园扩建	2400	1200	0	0	一座试训楼封顶，完成装修
		45	莆田平民综合病房大楼	3900	2900	1502	0	主体正在施工
		46	旧粮站改造项目	1300	980	980	0	已竣工
		47	江口老人活动中心	1000	827	827	0	已竣工
		48	海星小学		542	542	0	已竣工
		49	育才小学		559	559	0	已竣工

续表

	序号	项目名称	总投资	2012年计划投资	目前已完成投资	本月完成投资	本月主要建设内容
续建项目 城建项目（市政公用和房建）	50	顶坡新村建设	1000	3150	2307	0	完成新村2层建设及基础
	51	禾嘉花园	4500		3952	0	完成主体建设
	52	顶坡村新农村建设		3150	2307	0	完成房屋主体建设
	53	江口中心小学		2148	1579	0	整个项目收尾
	54	华侨职业中专扩建		10648	5261	1852	完成两幢6层
	55	石庭中心小学		524	524	0	已竣工
	56	江口镇文化站		890	890	0	已竣工
	57	海星村老人活动中心		980	980	0	已竣工
	58	锦江中学		950	651	0	完成主体工程
	59	新前村道硬化		727	727	0	已完成
	60	后社境水福堂		927	927	386	已完成
	61	坂梁村（村道硬化）		967	967	326	完成主车道工程
	62	院里（村道硬化）		839	425	0	完成主车道工程
	63	顶坡村（村道硬化）		793	465	0	完成主车道工程
	64	江滨公园	4350		3617	1985	已完成房屋立面、公园清理等

续表

	序号	项目名称	总投资	2012年计划投资	目前已完成投资	本月完成投资	本月主要建设内容
新增	65	官庄新农村建设	1622		110	110	完成春风桥设计及村庄整治基础设施
城建项目（市政公用和房建）	66	东大新农村建设	330		120	120	完成老人活动中心及修缮
基础设施项目	67	荔涵大道江口段改造工程	10000	7000	2750	0	完成主车道降坡、白改黑
城建项目（市政公用和房建）	68	江口镇石庭圆圈南侧改造项目	70000	7000	0	0	完成征迁，实现土地挂牌出让，安置房开工建设
	69	201省道石东安置房（自建）	9500	9408	9051	350	完成施工图设计，工程规划许可证办理，招投标，工程动工，3JHJ楼地下室、两幢楼主体3层
合计	69		682400	256594	193854	41664	

资料来源：莆田廉政网（http：//wk.ptlz.gov.cn/bmgk/36/n_67021.aspx）。

（五）2013年小城镇建设战役城建项目

江口镇2013年小城镇建设战役城建项目如表5—3所示。

表 5—3 江口镇 2013 年小城镇建设战役城建项目

类别	序号	项目名称	建设规模及内容	总投资（万元）	2013 年计划投资（万元）
道路基础设施建设项目	1	201 省道（江口段）	全长 2.8 公里，设计行车速度 80 公里/小时，路基宽度 50 米，路面宽度 32 米	13700	5000
镇容镇貌整治项目	2	324 国道（江口段）立面改造		1000	1000
污水垃圾处理设施项目	3	江口片区污水处理厂及配套管网建设	建设日处理污水能力 2 万吨，污水处理厂及配套管网 15 公里	15000	7000
园林绿化建设项目	4	新墩村农民公园	建设集绿化、休闲、健身为一体的农民公园	500	500
	5	大东村农民公园	建设集绿化、休闲、健身为一体的农民公园	500	500
房建项目	6	美新豪庭项目	建设 1.4 万平方米商业住房两幢、1 幢商业用房 0.65 万平方米	6000	2000
	7	飞旋华侨家园	用地面积 32553 平方米，总建筑面积 5.86 万平方米，其中住宅建筑面积 54494 平方米，店面建筑面积 2816 平方米，幼儿园建筑面积 1168 平方米	10000	5000
	8	201 省道石东安置区建设	建设 5 万平方米商业住房 3 幢及商业用房	10000	3000
合计				56700	24000

资料来源：莆田廉政网（http://wk.ptlz.gov.cn/bmgk/36/n_67021.aspx）。

第二节　江口镇小城镇综合改革的进展评价及取得经验

一　江口镇小城镇综合改革的进展情况评价

（一）规划完成情况良好

目前，江口镇已投资680万元完成总体规划、近期建设地段控制性详细规划及道路竖向、绿地系统、电力、雨水、污水、防洪防涝防潮等6个专项规划，同时开展了旧城区片、站前—石庭片区以及萩芦溪生态景观带等三大片区的城市设计。给水、环卫、电信、燃气、公共服务设施等5个专项规划也已完成。

（二）农村土地整治工作成效显著

在农村土地整治方面，已启动东大、院里、石狮三个村的农村土地整治，拆除房屋建筑面积5万多平方米，成功出让指标285亩（交易金额4399.95万元），2010年完成新增耕地200亩，并已全面转入安置区建设和土地复垦阶段；2011年可再完成新增200亩耕地的任务。由于江口镇农村土地整治工作成效明显，在省政府办公厅的《今日要讯》内部刊物增刊上刊登了其经验材料，供各地借鉴。

（三）镇区环境景观综合整治和改造进展顺利

按照"各试点镇年内至少要再完成一条以上主要街道的景观综合整治任务"的要求，江口镇实施福厦路沿街立面改造项目，该项目从交警中队到40米路，南北两侧总长2公里，总投资548万元，拆除违章搭盖建筑物，统一墙面、阳台、窗户，统一规划户外广告，同时装饰夜景灯光，提升建筑品质，目前已完成设计，正进入入户宣传和预算编制阶段，近期将进行招投标，确定施工队伍。

（四）"三旧改造"取得阶段性成果

"三旧改造"含美新针织和华富工业2家企业"退二进三"项目、石庭片区改造项目。其中，"退二进三"项目是指根据旧城区片的功能定位——打造现代行政文化服务中心，江口镇对旧城区片内停产倒闭的企业实施"退二进三"改造，涉及美新针织和华富工业2家企业，涉及工业用地20多亩，按照规划编制的要求，拟改造成多功能的商住大楼，目前已完成用地收储、下达规划条件、企业资产评估，企业已搬迁，正进入招拍挂确定开发商阶段。石庭片区改造项目占地155.2亩，涉及8个企业拆迁，建筑面积5.3万平方米；民房104幢，建筑面积5.4万平方米。拟建设多幢商住楼，总建筑面积31万平方米，总投资7亿元。目前，江口镇已与福建安特投资有限公司签订前期开发合作协议，正制订企业搬迁以及民房拆迁安置等方案。

（五）农村环境得到改善

农村环境的改善主要依靠农村环境连片整治项目的开展，该项目总投资1.3亿元。其中，江口片区污水处理厂建设项目占地42.88亩，一期工程建设2万吨/日污水处理能力，向上级争取补助资金1700万元，目前，项目已完成选址意见书、用地预审、建设项目许可证、用地测绘报告、项目选址地灾报告。城镇污水管网建设工程，管网全长19.1公里，总投资6000万元，目前已完成管网敷设7.1公里，完成投资1678万元。

（六）绿化水平得到提高

按照打造生态型小城镇目标，江口镇千方百计增加绿量，"见缝插绿"、"能绿则绿"，投资60多万元完成1019亩的非规划林地造林任务。投资200多万元完成江口休闲体育中心改造项目（见图5—3），同时增加建设东大村农民休闲公园一处，计划投资80万元，已完成投资35万元，种植树苗3000多株，绿化面积36.8亩。目前，全镇27个村（居）已有23个村（居）建有农民公园，较大型的有10多个，其中投资上百万的有3个。这些公园环境优美、设施较齐全，适合群众健身和休闲。

（七）资金渠道得到拓宽

江口镇小城镇综合改革试点建设三年需要投入资金超100亿

图 5—3　江口休闲体育中心

元，通过创新融资模式，拓宽融资渠道，保障年度融资任务顺利完成。

2010 年融资任务 24.2 亿元，具体方式如下：依托华正自来水厂江口镇影剧院和侨联大厦抵押向农行融资 2 亿元；海景佳园商住地块 60 亩招拍挂融资 1.2 亿元；旧镇区工业企业"退二进三"腾出土地 200 亩招拍挂融资 2 亿元；火车站站前商贸中心片区腾出土地 500 亩招拍挂融资 10 亿元；萩芦溪景观带 450 亩（一期非基本农田 250 亩、三期 200 亩）招拍挂融资 9 亿元。

2011—2012 年融资任务 84 亿元，具体方式如下：火车站站前商贸中心片区腾出土地 1000 亩招拍挂融资 20 亿元；旧镇区工业企业"退二进三"腾出土地 800 亩招拍挂融资 8 亿元；201 线石庭段两侧腾出土地 500 亩招拍挂融资 10 亿元；囊山文化创意产业园腾出土地 300 亩以 BT 方式融资 6 亿元；萩芦溪景观带 1000 亩招拍挂融资 20 亿元；滨海新城腾出土地 1000 亩以 BT 方式融资 20 亿元。

二　江口镇小城镇综合改革的经验总结

江口镇小城镇综合改革取得上述重大进展，在土地整治、多渠道融资、绿色乡镇创建、组织工作机制、规划和服务方面，均有很好的经验，值得推广。

（一）土地整治的经验

江口镇农村土地整治工作成效明显，有效解决了"地从哪来，钱从哪来"问题，成为推进城镇化进程、加速江口小城镇综合改革建设的契机。除充分用足用好省政府赋予的农村土地整治和城乡建设用地增减挂钩优惠政策外，主要采取了如下做法。

一是加大宣传力度。通过召开群众大会、举办知识讲座、参观考察等方式，让群众明白：通过整治增加的用地指标的转让所得全部用于该村的建设，整治新增土地的使用权仍然属于村集体或村民所有，可解决部分农民翻建、重建旧宅的需要，旧房可得到相应补偿，整治和安置区的规范建设将极大改善群众的居住条件和生活环境。通过宣传发动，有效增强了群众配合政策实施的主动性。

二是党员干部带头，树立典型。院里村支部书记王卫洪带头拆除了自家的祖屋，同时带头砍伐自家龙眼树，为安置区建设腾出土地，其余 3 名涉迁干部也带头拆除房屋，建筑面积达 160 多平方米，村干部身体力行解除群众的茫然和顾虑。

三是实施多样化的安置方式。统一规划设计了 60 平方米、90 平方米、120 平方米的三种户型，满足不同层次的人们的需求。

四是严格专款专用资金。及时在镇财政设立农村土地整治资金专户，指标转让收益全部进入专户，只用于旧房拆迁补偿、安置区基础设施建设和土地复垦三方面。

五是实行阳光操作。从旧房丈量、评估、补偿到安置区选房、建设等诸环节，都实行阳光操作，接受群众监督，切实保障农民群众的知情权、参与权、监督权和决策权。

（二）融资经验

在资金方面，江口镇小城镇综合改革做到了多方筹资，创新机制。具体来看，资金主要有四方面的来源。

一是城市资本运营。成立经济开发综合公司，充分应用市场机制的手段，对土地、道路、桥梁、品牌等资本进行集聚、重组和经营，从中获取收益用于城镇建设。加快引进 BOT、BT 等项目融资、经营权转让的融资模式，吸引更多社会资金参与公共基础设施和公共服务领域的建设和经营。

二是银行贷款。充分利用国家对基础设施建设的优惠政策，积极与各大商业银行联系对接，争取更多信贷资金投放小城镇建设。

三是经营性土地收储拍卖。建立国有土地收购储备制度，进行国有土地资本运营。通过规划调整用地性质，加强城镇网络建设，调控规划实施时效，促进土地升值；建立土地招标拍卖的市场机制，提高土地资产拍卖收益。

四是民间资本。挖掘侨力资源，充分发挥江口海外侨胞和港澳台同胞众多、资金雄厚的优势，全面兑现各项招商引资优惠政策，激发广大侨胞的投资热情，吸引侨胞和港澳台同胞投资兴业，使侨台优势再度成为江口小城镇建设的有利引擎。纵观近两年的融资任务落实情况，上述融资渠道均发挥了作用。

（三）绿色乡镇创建经验

通过创建绿色乡镇的种种举措，在江口镇小城镇综合改革过程中，生态环境得到了较大程度的保护和改善。

一是做到"六有"、"三到位"。在工作中，不仅做到"六有"，即有组织、有计划、有制度、有方案、有检查、有总结，而且努力做到组织领导、宣传发动、责任落实三到位，为创建绿色乡镇打下了坚实基础。

二是确定了分步实施、以点带面、整体推进的思路，突出了典型示范的作用。例如，海星村被树立为典型。该村由港澳台同胞捐资一部分、村民集资一部分，筹集资金200多万元，修建"海星游憩园"一座。长200米，宽50米，占地15亩。园内有凉亭、跑道、篮球场、喷水池、花园，有老人和儿童活动的健身器材，公园南边石砌水沟一条，建有安全护栏、健身舞池等。公园周边栽有水叶松、四季菊1500多棵，为群众休闲健身提供了一个好去处、好环境。同时全村集资70多万元，用于全村村民饮用自来水水管更换，使全村村民都能饮用上安全卫生的自来水，村民的身心健康得到保证。2009年由香港同胞吴文荣先生捐资130多万元，兴建江口建福球馆（780平方米）一座及海星村村部（占地160平方米、建筑面积640平方米）一座。

三是综合实施了"三大"工程。第一，环境综合整治工程。切实解决了垃圾、污水和大气污染问题，坚决打击违法行为，杜绝了脏乱差现象。同时，把经营集镇的理念运用到小城镇建设当中，建立长效管理机制，成立专门的环卫保洁队伍，使镇容镇貌保持优美宜人。第二，环境绿化美化工程。因地制宜地进行村镇绿化、封山育林、通道造林和荒山绿化。镇区绿化覆盖率、镇居民人均拥有公共绿地面积均超过创建指标的要求。第三，城镇基础设施建设工程。按照突出重点、解决热点、突破难点、打造亮点的思路，在道路建设、河道整治、电网改选、集中供水、污水处理、垃圾清运、文化活动建设等方面，加大投资的力度，完善集镇功能，提升了集镇的吸纳力和承载力。

（四）规划经验

打造"规划先行、功能齐备、设施完善、生活便利、环境优美、保障一体"的宜居城市综合定位，强调规划的重要性，秉承高起点规划、高品位设计、高标准建设的原则，进行总体规划和各专项规划。规划高起点体现在以科学发展观为指导，以实现经济、社会、环境保护协调发展的目标，立足于本地实际，确保所制定的规划具有前瞻性、科学性。在工作中，坚持做到做好规划间的结合和协调工作，在编制规划时，充分做到城镇总体规划、各专项规划、"十二五"规划实现科学结合。

（五）组织工作机制经验

涵江区委区政府把小城镇综合改革建设试点工作作为"一把手"工程来抓，实行重点项目领导挂钩，成立了以区长为组长，分管领导任副组长、区直相关部门负责人和江口镇领导为成员的小城镇综合改革建设试点工作领导小组，并下设规划编制、建设项目前期手续报批、融资筹资等三个工作小组，分别推进各项工作。同时区里还给江口镇适当增加行政和事业单位的编制职数，吸引各类人才到基层工作和锻炼，为小城镇综合改革试点建设提供组织保障。在此基础上，召开镇两委班子会议，区直镇属单位、部门和村（居）会议，逐级传达贯彻全省小城镇综合改革建设试点工作会议精神和市区会议文件精神，逐级分解落实目标任务，层层传递压力，形成了横向协同、纵向推进、全员联动、优势互补的长效工作机制。组织多场业务培训，以白天抓现场、晚上抓协调、一天一汇报形式，对70个小城镇改革发展战役项目，倒计时方式排出工作任务表，形成镇村联动、高效作战的工作格局。

（六）宣传工作经验

一是群发小城镇短信息5万余条，宣传材料1500多份，营造小城镇综合改革的氛围。二是注重规划成果展示，投资300多万元建成占地1000平方米的小城镇规划展示厅（见图5—4）。

（七）管理服务工作经验

主要表现为"优质服务，窗口下移，为试点工作增强软实力"。加快管理体制创新，探索建立有利于城乡协调发展的经济调节制度、工作考评机制和目标管理体系，将政府工作重心转移到管理社会事业、维护社会安全稳定和提供公共服务上来，在转变政府职能上有新突破。制订翔实专项工作方案，进一步简化审批程序、审批环节，最大限度地压缩审批时限，为企业注册、项目立项、招投标等审批、核准程序，开辟专门绿色通道。完善试点镇财税管理体制，做到"一级政府一级财政"，健全财政管理机构，创新财政投向方式，重点向吸引生态环保项目、大型商贸企业方面倾斜，以财政奖励措施鼓励主导产业发展。

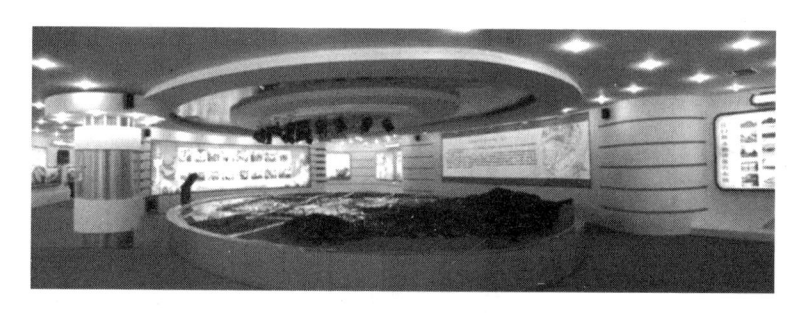

图 5—4　江口小城镇规划建设展示厅

专栏 5—1　　　涵江区江口——千年古镇华丽转身

　　玳瑁山无言，见证着江口沧海桑田，换了人间；锦江水欢唱，传诵着明星侨镇改革发展战役的感人故事。在省级小城镇综合改革建设试点江口镇，人们深深感受到一股强劲的发展暖流扑面而来。江口镇以小城镇综合改革建设为契机，加快火车站站前商贸广场等项目建设，形成与中心城区相互辉映、联动开发的中心城镇，切实提高中心镇在联结城乡、辐射农村、扩大就业和促进发展中的重要作用。

　　城乡一体化需要经济发展作为支撑。经过几年来的发展，目前全镇共有各类企业1000多家，其中规模以上企业102家，产值超亿元工业企业总数达30家，形成了电子信息、五金机械、鞋革服装、食品加工、塑胶制造等五大支柱产业格局。江口镇在推动城乡发展一体化进程中，坚持工业反哺农业、城市支持农村和多予少取放活方针，加大强农惠农富农政策力度，让广大农民平等参与现代化进程、共同分享现代化成果。近年来，江口镇把完善基础设施和公共服务作为推进小城镇综合改革试点建设，实现城乡一体化的重要抓手，积极引导在外乡贤捐资兴乡办公益事业，并借助侨亲侨力实施"村村建公园"工程，优化农村人居环境，满足农民日益增长的精神文化需求。目前，江口镇27个村都建起了乡村公园。昔日只有在城市才能见到的公园，如今在江口镇各个乡村"遍地开花"，村民们足不出村便能像城里人一样享受到公园休闲的乐趣。

江口，这个千年古镇历经沧海桑田，正华丽转身，演绎着城乡一体化发展的典范。

（资料来源：《湄洲日报》2012年12月19日。）

第三节　江口镇小城镇综合改革面临的问题及政策建议

一　江口镇小城镇综合改革面临的问题

（一）规划管理与产业发展之间的关系问题

按照小城镇总体规划（2010—2030年），辖区内工业项目规划布局在城北高新园区和滨海产业新区，目前城北高新园区用地已饱和，滨海产业新区启动需要一定的时间，短期内工业布局难有落地空间。目前位于规划区内的工业企业面临增资扩产建设与现有规划相抵触的矛盾问题。

（二）市场环境影响企业生产经营

与国家宏观经济形势相应，江口镇也面临着通货膨胀、工资高涨、汇率升高、用工紧缺等恶劣市场环境，企业经营压力陡增，大部分企业有收缩经营的意愿，企业增资扩产积极性不高，难以形成固定资产投资及工业产值的大幅增长。

（三）小城镇规划布局调整问题

按照小城镇建设规划，江口镇的产业结构、经济结构都将做巨大调整。未来2—3年是发展模式转变和经济结构调整的关键期，目前第二产业较集中的旧镇区即将进入拆迁改造，规划区内工业企业面临"退二进三"，短期内工业经济发展将暂时受挫。仅小城镇旧镇区改造和石庭圆圈片区2个改造项目，就涉及"退二进三"工业企业有27家，其中规模以上企业20家，按2010年企业上报数据看，将流失规模企业产值基数23.41亿元。

（四）历史遗留的安置区建设滞后

荔涵大道以及福厦铁路征迁，涉及后埕和丰山2处统建安置区建设，迄今尚未交房，且部分安置房存在琉璃瓦脱落、屋面漏水、板面钢筋外露以及原承诺的配套设施不到位等问题，导致群众不满，对于政府继续实施房屋征迁采用高层安置方式涉及安置房建设信心不足，普遍提出质疑。

（五）小城镇规划报批和资金下拨问题

部分重点项目需要市政府批复或区规划办审核，目前这两个环节及相关部门的审批环节仍然存在问题，有些情况还需要协调，拖延了投资和项目建设进度。例如，201省道建设中安置区建设手续报批较为滞后，石东统建式安置区（面积19.66亩）用地要求与主线捆绑报批，但交通局至今未明确项目名称，致石东统建式安置区用地预审、规划用地许可证等手续都无法办理；丰山统建式安置区（面积39.05亩）位于201省道北侧，该地块已批未征（省政府作为福厦铁路配套及弃渣堆场用地批给市铁办），致丰山安置区用地无法落实；东游后、霞宵自建式安置区（面积85.81亩）用地区国土分局认为镇土地利用总体规划未批准，不能行文上报市政府审批。此外，省政府下达每个试点镇用于基础设施建设的国债资金5000万元，目前该资金已到区财政，但没有及时下拨；201省道江口段及石东安置区2个项目尚有征迁补偿款未能及时下拨，房屋无法按时拆除。资金下拨环节存在的问题在一定程度上影响了小城镇建设进度。

(六) 部分大型项目前期工作存在问题

荔涵大道部分路段要作降坡处理一定程度上影响纺织工业城、顺欣工贸、沐星实业、凯欧服饰等项目进度。锦江休闲山庄建设项目佳通集团团队正在进驻开展前期工作且用地范围内涉及土地利用规划和生态公益林调整，据了解，企业要求开发规模600亩以上，市政府同意给予200亩，目前正在协调。江口片区污水处理厂及配套管网工程（一期）项目进展较慢，选址需要变更，且存在项目用地范围内有1.3亩涉及国悦养殖场产权纠纷问题；石庭片区改造工程涉及企业、民房的评估征迁，但企业搬迁的易地安置地块目前仍难落实到位。顺欣、工贸等项目因地下光缆迁移事宜影响项目建设进度。

(七) 土地可利用资源紧缺

土地可利用资源紧缺已经成为江口镇工业发展的瓶颈。目前福厦公路沿线土地已全部开发利用；石农公路沿线有连片土地未开发，但大部分属基本农田，有待调整；3000亩盐碱地被划分成农田保护区；现有产业园区中，占地面积248亩的锦江工业区和296亩的建亚工业区已开发完毕，鲤鱼山开发区中前期平整250亩已全部利用，另外350亩山地需待大江路、芹兰路建设后再进行平整开发。现有工业园区内和国道两边可以利用的土地有限，因而引进大型项目面临土地制约的困难。

(八) 财政可支配资金较紧张

随着小城镇综合改革进程的不断加快，要求基础设施建设投入力度不断增大，从而产生资金供需矛盾也不断加大的问题。

(九) 产业结构有待优化升级

目前江口镇产业发展尚处于初级阶段，中低档产品多，产品的品牌化程度不高，名牌产品较少，高科技产品还较缺乏，产品的结构有待进一步向多样化、高档化、科技化方向发展。从三大产业发展来看，出现第二产业发展较快，第一、第三产业发展态势较为平缓的局面，特别是第三产业发展有待进一步加强。

二 进一步推进江口镇小城镇综合改革的政策建议

（一）深化体制改革

加快转变政府职能，构建合理的部门职责体系与机构职位配置，健全小城镇财政管理体制机制，完善绩效评估机制和经费使用与成果挂钩制度，落实行政执法责任制，健全政务公开、行政问责等制度，提高政府执行力和公信力。扎实推进农村户籍、土地经营、集体林权、金融制度和基本公共服务均等化改革，进一步激发农村发展活力。

（二）进一步提升各层次规划水平

继续调整优化城区功能布局，在完成道路工程、雨水、污水、电力工程、防洪防涝防潮、绿地系统和景观风貌等专项规划的基础上，进一步完成给水工程、环境卫生、公共服务设施、燃气工程、通信工程等五个专项规划。加强城镇建设、土地利用、环境保护等规划衔接，保证规划的科学性、协调性。

（三）逐步建成适应小城镇综合改革的基础设施体系

构建功能配套、高效安全的现代基础设施体系，形成贯通东西、连接南北、辐射城乡的立体化交通格局。继续实施江口防洪工程项目，启动二期工程建设；继续实施绿化、亮化、美化工程，完成污水处理厂及配套网管工程建设和场区主体建设及配套水管网敷设；利用好国债资金，完成水处理及管网改扩建工程，实施配电联网工程，建成输变电站，全面增强排水、排污、供水、供电等基础设施的综合服务功能，破除仍然存在的基础设施瓶颈制约。实施小型农田水利重点县建设工程，增强防洪抗涝能力。

（四）推进重点项目建设

着力抓好省、市、区级在建、预备和前期重点项目，倒排工期，尽快转为预备项目和新建项目；建立健全项目建设激励机制；科学规划建设被拆迁群众安置房，提高征迁安置房建设效率和服务质量；设立用地报批专门工作组，统筹解决项目用地问题，加大土地开发整理和"三旧"改造力度,用好小城镇城乡建设用地增减挂钩政策。

(五) 不断强化资金保障

一是加强财源建设。不断完善征管体制,贯彻"加强征管,堵塞漏洞,清缴欠税"的方针,完善征管网络,规范征管程序,提高征管质量,做到依法征管,应收尽收。扶持项目,增加税源,强化税源监管,摸清税源。加强资金管理,严肃财经纪律,加强村组"三资"管理力度。

二是强化融资工作。加强政银合作,统筹解决小城镇综合改革的资金需求。充分利用国家对基础设施建设的优惠政策,积极与各大商业银行联系对接,争取更多信贷资金投放小城镇建设;对经营性土地收储加强管理,对土地价值和土地价格的走向合理估计,建立准备基金,防止土地价格下降的冲击;采用BT、BOT等方式,加强投资运营。

三是尽力挖掘新生代侨力资源。充分发挥江口海外侨胞和港澳台同胞众多、资金雄厚的优势,全面兑现各项招商引资优惠政策,切实做好新华侨华人、华侨新生代、重点社团、重点人士工作,推动民资、侨资回归,提高招商引资实效,吸引侨胞和港澳台同胞投资兴业,使侨台优势再度成为江口小城镇建设的有利引擎。

四是全面招商引资。加强项目策划和包装推介,提高产业升级项目在重点项目中的比重,把引资的着力点放在拓展工业发展空间上,放在城市综合体、总部经济和第三产业上,力争新引项目在投资额、投资领域上有新的突破。

(六) 着力改善民生为小城镇综合改革寻求根本落脚点

坚持民生优先战略,把以人为本、为民发展作为江口小城镇综合改革的落脚点,着力解决群众热点、难点问题,实现和维护全镇人民的根本利益。

一是优先发展教育事业,为经济发展和社会进步提供智力支撑和人才保障。具体应加速推进中小学的迁建、扩建工程,并确保工程质量和进度；大力发展职业教育，支持莆田华侨职业中专学校实施"骨干专业优化升级工程"；启动申报省级区域性公共实训基地工作。

二是稳步推进卫生事业，进一步完善公共卫生服务体系。加快推进平民医院综合病房建设，提高综合服务水平；提高对突发公共卫生事件的处置能力，加强传染病的预防，提升公共卫生服务能力与水平；广泛开展爱国卫生运动，认真做好各村（居）卫生检查工作。

三是全面部署人口和计划生育工作，促进人口长期均衡发展。以改善出生人口素质为重，遏制出生人口性别比偏高趋势；开展计生动态管理，深化完善"一站式"服务、"一证式"管理模式；做好流动人口计划生育服务管理工作；依法行政，贯彻落实好计划生育优惠政策和生育审批政策。

四是不断提高社会保障水平和支农力度，扩大"社会安全网"的覆盖范围。坚持"保基本、广覆盖"，扩大社会保障受益面，将政府救助与社会帮扶相结合，进一步落实助困、助学、助残、助医、助业等救助政策；充分做好民政优抚工作，落实和完善城乡低保、失地农民生活保障制度和大病医疗救助制度，并努力扩大覆盖面；深入开展慈善、残联等有关帮困活动，不断提升社会救助工作水平；巩固新型农村合作医疗成果，积极组织农民参加健康体检；积极做好农村富余劳动力转移工作，加强劳动技能培训，促进就业，增加农民收入；认真贯彻落实农机具购置补贴、粮种补贴、综合直补、家电下乡等各项强农惠农政策。

五是努力实现充分就业目标，不断提升中心城区人口集聚能力。支持职业技能培训工程，多渠道开发就业岗位，切实维护职工合法权益，着力破解企业"用工荒"难题，努力吸引外来人口在江口安居、创业、置业。

六是加强社会治安综合治理，深化平安建设。严格落实社会治安综合治理责任制，严厉打击"两抢一盗"等各类违法犯罪行为，健全技防人防巡防等治安防控体系；严格落实安全生产责任制，加大安全生产基础设施投入，推进社会消防安全"防火墙"工程，强化监督检查，防止重特大安全事故发生；建立、健全防灾减灾体系，不断完善各类应急预案，提高防灾减灾能力，确保人民群众生命财产安全；建立健全信访维稳中心，加大各类矛盾纠纷源头排查和化解，全力维护社会安定稳定。

（七）加速提升城市形象

继续积极探索城市精细化管理办法，健全城管执法、环卫保洁等长效机制。严格规划监管，严厉制止"两违"，确保新违章建筑100%拆除。强化市容市貌及城市道路交通综合整治，规范户外广告管理，治理占道经营、乱停车、乱张贴、乱堆放垃圾等突出问题。

（八）全面提升组织、管理、服务水平和绩效

加快在建项目的进度，完善项目推进机制、动态跟踪机制和责任追究机制；落实签约项目，督促项目单位迅速进场和开工建设；促使意向项目成功签约。根据区委、区政府出台的重点项目建设考评方案，问责暂行规定，奖励办法及项目一线考察干部实施方案，对照项目攻坚时间节点要求，对项目推进工作严格实行周督办、月督查，确保重点项目征迁及建设按序时推进。严格执行奖优罚劣，对有关单位及工作人员在项目推进和征迁中失职、渎职、不尽职行为依法问责，对推进成效明显、拆迁力度强的单位和个人汇报上级依法嘉奖。

此外，需要政府及各部门给予支持，落实项目建设等环节的报批手续，及时拨付相应资金，以提高政府工作效率和公信力。

第六章

城市化融资形式与公共服务提供：对江口进一步发展的启示

江口是一个基础较好的镇。经过30多年的发展，要实现跨越式发展，就必须从较低层次的城镇化转向城市化。城市化必须解决好融资问题，城市化的过程同时也是公共服务不断改善的过程。由于许多制度的选择是国家层面的，所以，本章从国家的角度探讨相关问题，并间接地给出对江口进一步发展的启示。

第一节 从城镇化到城市化：融资形式的选择

中国是一个发展中大国，城乡差距较大，这不仅仅表现在收入水平上，乡村基础设施和公共服务水平更是和城市有天壤之别。因此，城镇化不仅仅意味着要缩小城乡收入差距，进一步改善乡村基础设施和公共服务水平更是应有之义。城镇化的过程需要大量融资。融资必须根据项目的不同属性，采取不同形式。

一 税收融资

税收是城镇化融资的重要形式。基础设施和公共服务，外部性特别强，仅靠市场的力量是难以完成融资任务的。这就意味着税收融资必须在其中扮演重要角色。政府所征收的各种无指定用途的税收均属于一般税收，如增值税、消费税（除燃油外）、营业税、企业所得税、个人所得税等等。它们应是税收融资的主体。车辆购置税、车船税、消费税（燃油）从来源看，就与车辆的使用和道路建设有着密切的关系，城镇化过程中的道路建设更离不开它们的支持。税收融资在形式上往往表现为各种形式的政府预算拨款。

税收应该是城镇化融资最主要的资金来源。政府预算拨款对于具体项目而言，不用考虑未来的资金偿还问题，特别适合未来没有直接现金流入的公益性项目的建设。公共服务体系建设在很大程度上也是如此。由公共服务的非营利性所决定，最基本的投入应该依靠政府投入，而不是其他需要偿还的资金投入。

税收融资具有阶段性特征。在许多国家和地区，财产税融资是地方基础设施和公共服务的重要资金来源。但在当前的中国，财产税（车船税和房产税）的规模很小，还难以对城镇化融资起到充分的支撑作用。2010年，全国房产税收入894.06亿元，车船税收入241.62亿元，合计仅为1100多亿元，仅占全国税收收入7.32万亿元的1.5%。2011年1月28日，重庆市和上海市对居民个人自用住房征收房产税的试点工作已经展开，但是，由试点方案所决定，这样的房产税只是针对极少数自用住房课征，不太可能提供太多的税收收入。而且，就是对房产税这样一种许多国家和地区广为使用的地方融资方式，在扩大征收范围过程中，还必然遭遇到种种挑战。房产税不是政府想征多少就可以征多少的。无论从维持财税国际竞争力，还是从促进国内经济社会发展的角度来看，中国税制结构都需要转换。也就是说，地方政府要取得更多的房产税，必须建立在其他税收收入和收费下调的基础之上。否则，人民的税负只会增加不会减少。降低其他税收，主要是大幅度降低商品税（间接税）的比重，增值税在扩大增收范围的基础之上，降低税率，增值税基本税率维持在10%左右，与周边国家和地区的税率基本一致。对个人自用住房征收房产税,必须建立在取消相应收费的基础之上,必须充分考虑存量房已经承担了大量与房产税性质相同收费的事实,区别对待存量房与新增住房。房产税可作为县级财政的重要收入来源,成为县级政府推动城镇化的重要资金来源。但从目前来看,远水解不了近渴。房产税是未来地方政府稳定的重要税收收入来源,但由房产税征收所可能引发的各种社会问题所决定,当前的城镇化中的税收融资更多的是依靠其他税收融资。

二 土地融资

不可否认的是,在30多年的改革开放中,特别是1994年以来,土地融资在城镇化融资中的地位不容忽视。1994年分税制改革的直接目标是"提高两个比重",即提高财政收入占GDP(国内生产总值)比重和提高中央财政收入占全国财政总收入的比重。不少地方财力相对不足。即使是经济相对发达的地区,一般预算收入(公共预算收入)往往只能保证当地的"人车马喂"等经常性支出。建设性支出几乎要靠一般预算收入之外的其他资金来源。其中,最为重要的莫过于国有土地使用权转让金收入。2010年,国有土地使用权转让金收入更是达到创纪录的28197.70亿元。土地融资已经成为城镇化进程中最为重要的融资形式。

时下对于土地融资有诸多非议。土地融资导致土地财政,土地财政抬高房价。的确,如果没有高价土地的配合,城市房价不可能那么高。但仅以此来说明土地融资方式的不可取,显然是西瓜和芝麻一起扔掉的做法。

土地融资确实带来了一些问题,特别是城市拆迁与农村征地,其中较大的利益空间,在制造了一些人暴富的同时,也滋生了部分官员的严重腐败行为。更重要的是,人民群众的财产收益在一定程度上遭到了侵犯。但是,这样的问题,要靠制度的不断完善来加以解决。从理论上来看,城镇化收益的分配是一个一直没有厘清的问题。试想,如果没有基础设施的完善,没有公共服务配套的跟进,土地增值过程会是那么容易吗？但是，具体土地收益的明确性与城镇化收益的模糊性，决定了城镇化收益分配这一至关重要的问题没有得到应有的讨论。

可持续的城镇化必须解决好收益与成本的对称问题。享受所有收益却不愿意承担任何成本，无论如何也是说不过去的。当下，应该进一步完善土地制度，积极推动农村土地流转制度的创新，同时改善土地管理方式，改善土地征用中的部分不合理做法，以保证土地融资的顺利进行。

土地融资与土地财政有关联。一味地指责土地财政，也是不合适的。未来应该改变的是土地财政模式，而非土地财政。许多国家和地区的地方政府收入，与土地相关收入有着密切的关系。只不过这些国家和地区，它们的土地相关收入不是靠出售土地，而更多地依靠相关税收。这种土地财政模式的可持续性相对较好，可以作为未来土地财政模式转换的参考。

中国之前所形成的土地财政模式是不可持续的。土地是有限的，卖地收入总有萎缩的时候。卖地还带来了一些政府决策者的扭曲性行为。为了抬高地价，"挤牙膏式"的饥饿营销策略在许多地方不同程度地得到了应用。这种行为也直接导致了当前的高房价格局。釜底抽薪之策自然是减少地方政府对国有土地所有权转让收入的依赖。由此，调整中央和地方财政之间的财权和财力格局已经势在必行。当前中央掌握了大量财力，地方政府可支配财力中有大量来自税收返还和转移支付形式，既不利于地方政府积极性的发挥，也增加了资源转移过程的成本。进一步完善分税制财政体制，才有可能给土地融资以合理的生存空间。

三 债务融资

长期以来，与土地融资相配合，债务融资一直是城镇化的重要资金来源。预算法对地方政府直接发做作了限制，使得地方政府债务融资形式更加特殊，也滋生了一个具有中国特色的地方债方面的专业术语——"地方政府性债务"。

既然 1994 年就开始实行分税制，那么地方财政就应该是相对独立的财政。地方财政正常运行情况下，收大于支，或收小于支，都是正常的。收不抵支之下，没有税权，没有货币发行权，不借债又有什么出路呢？但是，预算法对此上了紧箍，不赋予地方政府明确的发债权，其结果或是中央只好转借，只好代发地方债；或者是地方政府突破重围发债，用尽各种"调账技术"，将财政赤字和地方政府债务掩盖起来。

地方政府变着花样，规避不合理的法律法规，举借政府形形色色的债务。规避的结果之一就是，最后连规避者自己都不清楚问题的严重性。中国地方政府到底欠多少债，一直是一个没有弄清楚的问题。债务规模估算或高或低，债务口径或大或小，令人难以捉摸。无法准确评估地方政府性债务规模的结果之一是：很难有准确的对策。还好，最近国家审计署对全国地方性政府债务规模给出了一个较为权威的数据。审计署 2011 年第 35 号审计结果公告显示：截至 2010 年年底，全国地方政府性债务余额 107174.91 亿元，其中：政府负有偿还责任的债务 67109.51 亿元，占 62.62%；政府负有担保责任的或有债务 23369.74 亿元，占 21.81%；政府可能承担一定救助责任的其他相关债务 16695.66 亿元，占 15.58%。

与 40 万亿元规模的经济总量相比，与 7 万多亿元的全国税收收入相比，当前地方政府性债务尚不足以构成中国国家主权债务风险。但是，这并不等于说地方债就已经高枕无忧，局部地方不会出现财政风险或财政危机。债务问题不仅仅是总量问题，还表现为期限结构问题。同样债务，如果期限结构不合理，同样可能带来短期的债务清偿问题。因此，亟待规范地方债，控制地方性政府债务规模的扩大，以保证地方财政的正常运转。

现有地方政府性债务中，有许多来自于 2009 年以来的地方融资平台。融资平台建设，是应对国际金融危机、落实积极财政政策配套资金的合理选择。但是，在短期内，建设过多的融资平台，也留下了安全隐患。当然，不是所有平台都有风险。但是，一些没有持续收入流的平台，因为政府的干预，银行信贷资金才得以注入的情况下，才有亟待解决的风险问题。这种风险足够严重的话，会直接威胁银行体系的安全。解决这个问题，首先必须从平台形成的机制入手，清理整顿平台是第一步。只有这样，才能真正对平台风险做出较为准确的评估。

追究一下，就会发现，地方融资平台的形成在很大程度上还是分税制财政体制下地方政府财权和财力不足的必然结果。调整财权财力格局，已是必然趋势。

1994年分税制财政体制改革提高中央政府调控能力的直接目标早已实现，但财政体制在运行过程中实际上已偏离分税制的轨道。中央和地方事权的长期未能明确界定，或界定之后不能得到充分的尊重，结果是导致地方责任倍增，特别是发达地区地方财政额外负担常常"被增加"。同样的事情，中央新规定新措施，常常是西部地区是中央出资，发达地区要自己筹资。其结果是分税制财政体制的激励功能不能得到很好的发挥，也加重了发达地区的财政负担。2007年财政体制确定原则从"财权与事权相匹配"转向"财力与事权相匹配"是分税制财政体制的倒退。一字之差，失之毫厘，谬以千里。只看重财力，如何能够调动地方的积极性呢？财力强调结果，财权更偏激励。财力与事权相匹配的提出，有助于缓解基层财政困难，有利于地方财政保障能力的提高，但对整个财政体制的进一步完善则无济于事。给地方政府更多的财权（包括税权和债权），是大势所趋。

在清理现有地方政府性债务的基础上，给地方政府正式的发债权，是当前必须迈出的一步。让地方政府根据发展需要，正式发行市政债就是其中一项内容。市政债是城镇化融资的一个选择项。需要注意的是，市政债可以缓解地方融资平台风险，但是地方财政风险并不会因此而消失。让市场对政府债务的合理性做出评价，市政债有其优点，但是，市政债取代地方融资平台，只不过是风险的转移,是将银行业的风险转移到公众手中,不能从根本上解决地方政府融资所带来的财政风险问题。因此,对于发行市政债,我们更应该将其视为地方政府债务信息透明化的一个步骤,将其视为地方财政健全过程中的一步。有了市政债,地方政府债务管理同样不能有丝毫的放松。

四 从城镇化到城市化:对江口未来融资的看法

江口正在加快建设中。江口要发展,就必然从城镇化逐步转向城市化。融资形式可以多样化,其中主要应该发挥政府的主导作用。但这并不意味着市场作用的放弃,在基础设施和公共服务的改善中,市场力量同样不能忽视。公私合作,借助民间力量,也可以在很大程度上缓解城市化过程中的融资压力。当然,这应该建立在政府与市场的合理定位上。越俎代庖,只会让问题更加复杂化。市场过多地取代政府,眼前问题解决,却会给未来留下后遗症。城市化过程中不可避免地要借助于"使用者收费"这一融资形式。但是过多地使用,也会带来问题。现实中,收费公路到处都是,其理由是充分的:贷款修路,收费还贷。但是上瘾的收费要消除谈何容易?政府也不能完全取代市场,否则无法享受到特定条件下市场效率增进的好处。

城市化过程中,各种融资方式应该各归其位,不能偏袒任何一方。特定时期有其最适宜的融资方式,可以兼顾短期与中长期发展需要的多元化融资结构的形成至关重要。对江口镇来说,也是如此。

改革开放初期,江口镇与晋江的石狮镇在福建省内是齐名的。但是,随着石狮建市,二者之间的差距越来越大。1997年亚洲金融危机严重冲击东南亚经济,也间接地对包括江口在内的侨乡经济发展带来一定的影响。2008年以来,国际金融危机给全球经济带来了巨大冲击,对于侨乡发展外向型经济的影响是显而易见的。经过30多年的改革开放,中国已经成为世界第二大经济体。经济环境已经发生了翻天覆地的变化。

江口要从城镇化到城市化,是否需要重复已有一些地方的老路值得深思。土地融资正面临挑战。许多地方土地财政的挑战是与高房价联系在一起的。高位房价怎么软着陆,才是问题的关键。现在已经是通货膨胀时代。在什么都涨的条件下,房价不涨或涨得慢就意味着房价已经下跌。只要这种趋势维持下去,那么房价就可以逐步趋向合理。但是,合理房价还是需要房地产供给扩大的配合。否则,调整的过程或者缓慢,或者过于激烈。这对经济社会的稳定发展是极为不利的。

一方面,要降低地方政府对土地收入的依赖;另一方面,城市化所需要的资金如何筹集,是未来所面临的大问题。更现实的考虑是调整中央和地方的财权财力格局,调整规范政府间财政关系的财政体制,让地方分享更多的税收,让地方政府在必要时,可以顺当地启动债务融资。

第二节 公共服务提供面临的难题与化解:对江口进一步发展的启示

"十二五"时期是中国经济和社会发展的重要时期。公共服务水平相对偏低,已经成为加快经济发展方式转变的一个瓶颈。为此,需要在统筹规划公共服务体制改革与创新目标的基础之上,通过进一步完善公共财政体制,为公共服务提供重要保障。

一 中国公共服务面临的难题

保障和改善民生是公共服务体制改革与创新的重要目标之一。加快转变经济发展方式的转变,是中国下一步经济保持可持续发展的内在要求。转变经济发展方式的内涵非常丰富,其中之一是让经济增长的成果能够更为方便地为全体人民共享。

一般说来,发达地区的公共服务水平高于相对落后地区,城市的公共服务水平高于农村。直接影响公共服务水平提供的是区域间发展的不均衡和城乡发展的不均衡。

"十二五"时期，公共服务间的差距，说明在民生的保障和改善上，政府还有许多事情要做。养老、医疗、教育等是目前中国公共服务体制中急需突破的几个薄弱环节。仅以城乡为例进行说明。

从养老保障方面看，农村养老保障水平远低于城市。近年来，农村养老保障虽然得到了较大的改善，但还未能实现真正的全覆盖。根据人保部的数据，一方面，全国参加农村养老保险人数仅为8691万人，覆盖率明显偏低。另一方面，全国农民工总量为22978万人，其中外出农民工数量为14533万人，而参加基本养老保险的农民工人数仅为2647万人，覆盖率同样不足。此外，截至2009年年年底，全国有320个县（市、区、旗）和4个直辖市的部分区县列入首批新型农村社会养老保险试点。然而在全国县级行政区划中，仅县的数量就达1464个。可见要实现新型农村社会养老保险制度全覆盖，还有很长的路要走。

从医疗保障方面看，农村的情况同样不如城市。虽然近年来，基本医疗保险的覆盖面已有很大提高，但医疗卫生资源尤其是农村医疗卫生资源的不足，仍是医疗保障体系完善的一大瓶颈。根据《中国统计年鉴》的数据，到2009年年底，全国参加城镇基本医疗保险人数为40147万人。全国开展新农合的县（市、区）达到2716个，参加新农合人口8.33亿人，参合率达到94.2%。但截至2009年，每千人卫生技术人员、执业（助理）医师和注册护士的人数分别只有4.15人、1.75人和1.39人。其中县所拥有的三者人数均远低于市，分别仅为2.46人、1.10人和0.65人。从医疗机构床位看，每千人口医院和卫生院床位数只有3.06张；每千农业人口乡镇卫生院床位数更少，仅1.05张。同时，医疗保障的力度也仍需要加强。2009年政府卫生支出占总卫生费用的比重还不到25%，而个人卫生支出的占比仍达40%以上。

此外，农村教育水平偏低也直接影响了农民的可支配收入，影响了农民的其他消费支出，不利于民生的改善。近年来，国家财政性教育经费支出大幅度提高，从制度上看，中国已较为普遍地实现了九年义务教育。但农村义务教育布局的调整，导致不少农村家庭为了孩子上学或上好学校，不得不增加大笔支出。而且，与免掉的学费杂费相比，这笔支出要大得惊人，也成为农民的一笔重要负担。

如果不能改变这种状况，那么相对较低水平的公共服务，就意味着落后地区和农村地区居民要自己承担许多本应由政府承担的支出，这只会导致落后地区和农村居民的负担进一步加重，形成贫困和落后的"恶性循环"。也就是说，一味地依靠市场的力量，是无法解决公共服务均等化问题的。要摆脱这种"恶性循环"的"诅咒"，政府必须有所作为。

二 统筹规划公共服务体制改革与创新的目标

（一）明确界定公共服务目标

公共服务体制改革与创新，其终极目标是建立公共服务型政府。明确界定公共服务目标是其中重要一环。基于中国现实的考虑，公共服务目标不可能定得过高，而应考虑中国作为一个发展中大国的具体国情，在保证收入分配基本合理的前提下，提供最低标准的公共服务的基础之上，构建多层次公共服务体系。

公共服务提供的更高层次目标，应当是促进中国人类发展指数的提高。在市场经济中，一般服务需求通过市场提供；但公共服务多数属于市场失灵领域，需要政府来提供。公共服务需求具有层次性。居民对公共服务的需求受到收入、财产、预期、价格等多种不同因素的影响。仅以收入水平进行说明。有些公共服务属于基本的公共服务，无论是何种收入水平的居民都是需要的，这就要求政府保证此类公共服务的提供，在满足低收入群体的公共需求，保证他们的自由发展的基础之上，满足不同收入水平居民的公共服务需求。

另外，税收是公共产品和服务的价格。公共服务效率高，本身不能说明政府是否应该增加投入，是否应该相应地增加税收。高效率可能会促使居民需要更多的公共服务，这将推动财政资金投入的增加。反过来，高效率也就意味着只要较少的财政资金投入，就可以得到较高水平的公共服务，这说明财政资金不需要进一步增加。这是确定公共服务目标时需要注意的问题。

（二）构建公共服务指标评价体系

通过公共服务指标评价体系的构建，评价公共服务目标的实现程度，并以此推动政府职责的履行和公共服务型政府的建设。公共服务的提供者主要是政府。在市场经济条件下，政府在市场失灵领域活动，市场体系无法给政府所提供的公共服务予以直接的评价。评价体系的构建，旨在推动政府的工作。

该指标体系主要解决以下问题：第一，公共服务是否按照人民意愿提供，是否保证优先领域的发展。公共服务是应人民需要而提供的，民众对公共服务需求有次序先后的考虑，因此该指标体系首先要解决此问题。第二，公共服务的提供是否适应财力要求。超越财力的高水平公共服务，从根本上是损害公共利益的，也是难以为继的。第三，公共服务的提供效率。其主要解决的问题是：已有的公共服务提供的效率如何，是否还可进一步改善。

当前中国公共服务不仅总量不足，还存在严重的结构失衡问题，某些领域的公共服务缺乏有效的保障机制；无论是最低水平的公共服务，还是城乡或地区之间的均等化公共服务目标都无法实现。现阶段公共服务存在的问题，其直接原因是体制转轨所带来的制度真空[①]：一方面，削弱了的传统体制无法提供这些公共服务；另一方面，新的制度尚未完全确立。因此，有效的指标体系设计应当考虑这个特殊因素，在短期经济增长与公共服务水平提高之间的

---

① 公共服务水平有待提高，不能简单地归咎于传统体制。传统体制下，中国虽然没有公共服务理念，但某些领域的公共服务，如卫生和教育，都曾经达到或远超过对应收入国家的水平。

权衡取舍中，应该赋予后者更多的权重，① 从而有利于进一步转变政府绩效的评价标准，彻底扭转 GDP 评价标准及相关的晋升机制。

（三）构建多主体公共服务体系

公共服务的主要提供者是政府，公共部门（政府部门、事业单位、国有企业等）在其中发挥了重要作用，但市场（企业、民间组织和个人）同样可以发挥作用。部分市场自愿提供，可以弥补政府提供的不足，政府可以构建相应的支持通道。对市场提供公共服务，政府可予以税收优惠等政策支持，优惠对象既可以是所提供的服务，也可以是用于公共服务的捐赠。因此，新一轮税制改革中，应明确非营利性组织的税收政策，放宽捐赠抵税的标准。

公共服务的提供者虽然主要是政府，但政府完全可以通过公共服务的外包（contacting – out），实现公私合作，使更多的市场力量在公共服务中发挥作用。政府通过招投标的方式，选择最有效率的生产者，可以让有限的公共资金发挥最大的效率。政府还可以通过开放更多的基础领域，让民间资本参与公共服务的提供；或者可以直接通过财政补贴，给个人和民营企业提供公共服务予以资金支持。

简言之，构建多主体的公共服务体系，借助各方力量，充分利用社会资源，是提高公共服务水平的有效方式。

三 进一步完善公共财政体制，为公共服务提供重要保障

改善收入分配，提高公共服务水平，改革和创新公共服务体制，需要多方着力，但同时也离不开公共财政的支持。

（一）加快公共财政建设步伐，为公共服务提供充分的体制机制保障

公共服务的充分提供，需要进一步加快公共建设步伐，加快财政支出范围的调整，解决财政支出中的"缺位"与"越位"问题；

---

① 评价政府绩效除了指标体系的方法之外，还可以通过人民的直接评价进行。

完善公共收入体系，构建以税收为主体的规范化收入体系；完善政府预算制度和财政收支决策机制，构建适应公共服务需要的政府间财政关系框架。

首先，财政支出应尽量投在市场失灵范围内，投向社会保障（养老、医疗、就业）等公共服务领域。政府应尽可能切断对竞争性国有企业的输血管道，而将财政资金用于支持提供公共服务的非竞争性国有企业，并对不宜推向市场的提供公共服务的事业单位予以充分的经费保障。在弥补市场失灵上，政府除了直接生产，提供公共服务外，还应努力创造体制机制条件，引导民间资本参与公共服务的生产，以在较短的时间内提高公共服务水平。

其次，需进一步完善政府收入体系，保证公共支出所需资金。规范化的政府收入体系应该以税收为主。根据国土资源部的数据，2009年中国土地出让成交价款已接近16000亿元。这是特定时期以及中国特有土地制度所形成的特殊国情。应该通过税制改革和预算体系的进一步改革，将非税收入纳入预算管理，实现全口径管理，以加强财政资金监督，提高效率。

再次，需进一步改革预算制度，保证预算编制的准确性，增强政府预算的约束力，并以此推进财政收支决策的科学化、法治化和民主化。财政决策的科学化进一步增强公共财政的资金使用效率；法治化是财政资金投入公共服务的重要保障；民主化有助于公共服务优先领域的选择。

最后，重构政府间财政关系，特别是处理好中央与地方的财政关系，保障公共服务的有效提供。区域间经济发展的差距，由于各种各样的原因，是很难从根本上消除的。因此，要在较短的时间内，实现公共服务的均等化，一是要需要解决好财权、财力与事权的统一问题，以保证公共服务的顺利提供。财权与事权相匹配解决的是地方政府筹集收入的积极性问题，重在激励；财力与事权相匹配解决的是事权的财力保障问题，重在结果。二是进一步完善财政转移支付制度，为地方政府落实公共服务职责提供充分的财力保证。应尽快取消税收返还，将之并入一般性转移支付，增加专项转移支付的透明度，以较为完善的财政转移支付制度，保证地方有财力提供公共服务，特别是为地方政府（尤其是落后地区政府）公共服务提供强有力的财力支持。

（二）扩大公共服务支出规模，调整财政支出结构，促进公共服务水平的提高

"十二五"时期，公共服务主要应由政府来提供的格局不会变。相应地，政府财力的支持，对于公共服务水平的提高至关重要。

从财政收入增长的情况来看，政府有较为充分的财力扩大公共服务支出。1994年财税体制改革之后，中国基本上形成了财政收入稳定增长机制。即使是2008年遭受了国际金融危机的冲击，这一趋势也没改变。2009年，全国财政收入达到68518.30亿元，其中中央财政收入35915.71亿元。2010年1—9月，全国财政收入累计达63039.51亿元（不含债务收入），比去年同期增加11520.64亿元，同比增长22.4%。其中，中央本级收入33230.36亿元。可见，政府的财力已经有了很大提高，提供公共服务的能力显著加强，扩大相应财政支出还有较大的空间。此外，国家通过扩大国企分红范围、提高分红比例，增收国有资源补偿金，都可能成为扩大公共服务支出规模的资金来源。

2009年财政的社会保障和就业支出为7606.68亿元，占全国财政支出的比重约为9.97%；而2008年社会保障和就业支出为6804.29亿元，占全国财政支出的比重约为10.87%。尽管支出的绝对额在上升，但社会保障支出占全国财政支出的比重出现了下降。鉴于整个社会保障财力紧张的形势，这并不合理。2009年医疗卫生支出为3994.19亿元，占全国财政支出的比重约为5.23%；而2008年医疗卫生支出为2757.04亿元，占全国财政支出的比重约为4.33%。虽然医疗卫生支出无论绝对额还是占全国财政支出的比重均有提高，但是同人民群众对医疗卫生公共服务的需求相

比，不论是从支出额，还是从支出的占比来看，都还需要相当程度的增加。

扩大财政的公共服务支出规模是重要的，但这还不够。财政支出结构还应作相应调整。否则，即使公共服务支出规模相同，也可能因为体制机制的原因，导致财政资源配置到效率相对较低的公共服务上，导致财政资金效率不能得到充分的提高。因此，迫切需要在财政支出结构调整上用力，以进一步提高公共服务水平。

为了缩小城乡公共服务差距，应积极推动将更多的财政资金投向农村，真正实现工业反哺农业、城市反哺农村，使得更多的资源投向农村，实现农村公共服务的跨越式发展。同时，也应该注意到公共服务的规模经济效应和公共服务水平提高的最终目的是让人民受益，所以，政府应积极创造条件，特别是通过财政支持的方式，有步骤地转移农村人口到城市（城镇）居住，在工业化和城市化（城镇化）进程中逐步促进城乡公共服务的均等化。

四 对江口进一步发展的启示

江口镇经济和社会发展基础条件较好，且有较大的发展空间。选择较高水平的公共服务目标是理所当然的。有了目标定位之后，就要选择合适的公共服务指标评价体系，并构建多主体公共服务体系。

公共服务指标体系的设计需要结合江口的实际，并能适应城市化的需要。如果仅从城镇化建设的目标来看，江口的教育和医疗服务已经达到较高的水平，但如果从城市化的要求来看，江口相关公共服务还有不小的改善空间。为此，应该寻找相应的参照系，以进一步提升公共服务的评价标准。

构建多主体公共服务体系，既要结合侨乡的特点，保护海外华侨华人为家乡建设的热情，鼓励他们为家乡做更多的事，也要充分发挥民间资本的力量，让更多的民营企业家参与公共服务的提供。

政府在经济和社会发展中的重要作用仍然需要发挥。随着财政体制的进一步改革，地方政府的可支配财力也必然随之增加。公共支出的增量可更多地用于改善公共服务。此外，财政支出结构的调整，也可以释放出更多的财力用于公共服务的改善。

主要参考文献

1. 涵江年鉴编委会：《涵江年鉴（2010）》，厦门大学出版社2010年版。

2. 涵江年鉴编委会：《涵江年鉴（2005—2008）》，方志出版社2009年版。

3. 涵江年鉴编委会：《涵江年鉴（2001—2004）》，方志出版社2005年版。

4. 朱永恒主编：《涵江区财政志》，方志出版社2010年版。

5. 陈金山主编：《涵江区志》，方志出版社1997年版。

6. 千年涵江编委会：《千年涵江》，方志出版社2004年版。

7. 江口镇志编委会：《江口镇志》，华艺出版社1991年版。

8. 杨志勇、汤林闽：《"十二五"时期公共服务面临的难题与化解》，《中国发展观察》2010年第12期。

9. 杨志勇：《我国城镇化融资方式分析》，《中国金融》2011年第19期。

10. 江口镇政府工作报告、年度公报等材料。

后 记

本调查报告由中国社会科学院财经战略研究院和福建省莆田学院联合课题组共同完成。

课题组成员包括中国社会科学院财经战略研究院杨志勇研究员，莆田学院林国建副教授，中国社会科学院财经战略研究院苑德宇博士、于树一博士等。在课题立项、资料收集和报告的撰写过程中，我们所在单位提供了全方位的保障。

感谢中国社会科学院经济研究所陆桦老师、中国社会科学院财经战略研究院朱小惠老师和江口镇有关同志等为本报告所提供的支持。受条件约束，报告肯定还有诸多需完善之处，我们只能等待合适的机会对报告再作完善。对江口的了解，我们还停留在初步阶段，斗胆以此为题材写出一份调查报告，但愿能反映中国乡镇城镇化进程中的一瞥，也期望对相关工作提供参考。

中国社会科学院财经战略研究院　杨志勇
2012 年 7 月 3 日